ルシオ・デ・ソウザ／岡　美穂子

大航海時代の日本人奴隷 増補新版

アジア・新大陸・ヨーロッパ

中公選書

緒言

一六世紀末、三人の日本人「奴隷」がメキシコに渡っていたことを示す史料が見つかったと、いくぶんセンセーショナルに『読売新聞』で報道されたのは、二〇一三年五月一三日のことである。実際のところ、この史料を入手したのは二〇一〇年のことで、すでに学会報告等にも用いていたから、「新発見」の要素は薄かったのであるが、それでも教科書では一切習わないようなこの種の史料の提示は、一般の人には新鮮に受け取られたのだと思う。

本当のところ、我々はこの史料が、日本人にとってそれほどインパクトのあるものであると考えたことはなかった。というのも、南蛮貿易で少なからず日本人の人身売買がおこなわれていたことは、戦前にすでに岡本良知が証明していたし、今では邦訳が文庫本で読める戦国期から織豊政権期の日本をあざやかに描いたフロイスの『日本史』にも、それに関する記述は多々あるからである。近年は藤木久志等の研究により、日本国内には、古代から「奴隷」的存在の人々がおり、戦国時代には「奴隷」として売るために、敵地で「人を狩る」行為が、ほぼ日常的におこなわれていたことも周知の通りである。

戦国時代の日本国内に、「奴隷」とされた人々が多数存在し、ポルトガル人が彼らを海外に連れ出していたことはかなり昔から言われながらも、その事実は一般にはほとんど知られておらず、南蛮貿易やキリシタン史の専門的な研究でも、この問題の細部にまで立ち入ったものはなかった。それはいったいなぜであろうか。

第一の理由に、一六世紀や一七世紀の国内外の史料に、南蛮貿易の「人身売買」について言及したものが、きわめて少ないことが挙げられる。これは何も日本に限ったことではなく、日本人よりも数量的には、はるかに多く取引されたであろうインド人や東南アジア島嶼部の人々に関しても同様である。記録が残りにくい理由は、世界各地で人身売買を盛んにおこなったポルトガル人商人にとって、その行為はあまりに日常的であったのと同時に、ポルトガル国王やそのインド領国の総督ら、政治的権力者によって表向きには何度も禁じられた「違法商売」であったことにある。

それでも「密貿易」と言うにはあまりにおおっぴらで、イスラーム勢力との攻防戦や要塞駐屯用に必要な兵力、さらにはアジアでの域内貿易も、彼らなくしては維持しえないものであったから、「人身売買」についての具体的な記録はほとんどないとはいっても、彼らの存在そのものは、史料のそこかしこに現れるのである。

第二に、総体的に史料が少ないことにもまして、いかなる人が、どういう経路で日本から海外へ渡り、彼らの生活がどのようなものであったのかを具体的に示す事例に欠けていたことが挙げられる。冒頭に挙げた史料は、個別の事例を具体的に示すものというだけではなく、日本人奴隷が一人称で語る、裁判所での「証言記録」であった。漠然とした「人身売買」のイメージは、彼自身の体験が語られることで、よりリアルに再現可能なものとなり、人々の関心を引いたのだと思う。

ただし、このような情報は、通りいっぺんの、日本に関する南蛮貿易の史料からは導き出すことはできない。我々がこの三人の「日本人奴隷」に関する記録に出会ったのは、マカオ、長崎、マニラを転々と暮らした「ユダヤ人」一家の異端審問裁判記録中であった。「ユダヤ人」とはいっても、国籍はポルトガル人で、さらには表面的にはカトリックのキリスト教徒であった。なぜ「ユダヤ教徒」のポルトガル人が、一六世紀の長崎に住み、日本人を奴隷として連れ、アジア各地を転々としていたのか。それはアジアにおける人身売買と、多様な文化的アイデンティティを擁したイベリア半島社会の歴史が、複雑かつ密接に絡み合った結果に他ならない。

本書では、我々が知る偉大な探検者たちの「大航海時代」とは異なる、この時代に生き、大きな歴史の流れに埋もれて人知れず生涯を終えた人々の「大航海」に光を当て、イベリア勢力の世界進出の陰の一面を描き出すことを目的としている。

著　者

目次

第一章　アジア　73

地図1　ユーラシアのポルトガル人奴隷貿易拠点

地図2　本書に登場する中南米の重要都市

大航海時代の日本人奴隷

アジア・新大陸・ヨーロッパ

はじめに

ポルトガルにおける「アジア人奴隷」の性格

ポルトガル・スペインの海洋進出が盛んであった一六世紀前半、いまだ地球上の地理とユーラシア大陸の諸民族についての情報は至極曖昧なものであった。アジアに関しては「東インド」、アメリカ大陸については「西インド」という呼称がヨーロッパでは一般的に用いられていた。

ポルトガルでは、アジア人奴隷は通常、「インディオス・デ・ナサォン」、すなわち「ポルトガルが（トルデシリャス条約による名目上）支配する地域の先住民」というカテゴリーに分類された。その分類に加えて、より正確な出身地、あるいは肌の色が標識として付加された。これらの「インディオ（Indio）」には、アフリカの東海岸、カフル（cafre：主にモザンビーク周辺地域を指す）からシナ海周辺諸地域の人々、さらには日本人までが含まれた。

たとえば、一五九〇年にリスボンで解放されたジュスタ・カメラという名の中国人女性に関する記録では、「インディア・シナ／中国の先住民女性」と記される。同じく一五九六年二月七日にリスボンで解放された日本人女性マリア・ペレイラは「インディア・エ・ジャポア／(東)インドの先住民にして、日本人」と記される。一五七一年一一月一九日付のリスボン市の公正証書では、ディオゴという名の奴隷の解放が証明され、彼は「(東)インド、シャム族」とある。リスボン市ペーナ教区の婚姻記録では、アントニオ・フェルナンデスとロウレンソ・ダ・シルヴァの婚姻記録(一五九四年五月八日付)があり、「両者とも(東)インド出身、男性はジャワ人、女性はアビシニア(エチオピア)人」と記される。

「インディオ(男性形)／インディア(女性形)」という、東インドの先住民であることを表す名称で分類される人々は、地理的には広大な範囲のアジア・アフリカ東海岸全体の出身者であった。そこにより限定的な地域／出身地名称が付加される場合もあったが、漠然と「インディオ／インディア」とのみ記され、彼らが地理上のインド出身者なのか、東インド(アジア・アフリカ東海岸)出身者なのか、実際には判別し難い事例も相当ある。

一例としては、一五五五年七月一五日にリスボンのセ(大聖堂)教区で洗礼を受けたバルナベという名の男児に関して、その母は「エスクラーヴァ(女奴隷)」で、名前はイネス・フェルナンデス、「独身のインディア」と記される。一五七一年一二月一日、同じ教区でドナ・マルガリーダというポルトガル人女性が所有する女奴隷が死亡したが、「インディア」とのみ記されている。非常に稀な例ではあるが、出生地の名称のみが記されることもある。たとえば、一五五一年六月一六日付で、「シナを生国とするアントニオ」がポルトガル王国の恩賞により解放されたという記録がある。

さらには信仰する宗教や肌の色がその属性として、あたかも名前のように記載される事例も多数ある。たとえば先述の、一五九〇年にリスボンで解放された中国人の女奴隷ジュスタ・カメラの解放証書には、「ジュディア」すなわち「ユダヤ教徒」であることを示す文言が付加されている。もう一人別に、中国出身のインディアの奴隷で、一六〇九年にポルトガルの異端審問裁判にかけられたヴィクトリア・ディアスという名の女性がいる。この女性もまた、「中国出身のインディア、ユダヤ教徒」と記される。宗教裁判の末に、彼女は無罪とされた。

このようなユダヤ教徒のアジア人奴隷というのは、彼らの主人が元ユダヤ教徒のポルトガル人である場合に見られる特性である。アンドレという名のジャワ人奴隷の婚姻に関する一六〇〇年のリスボンのセ教区の記録では、「インディアのジャワ族出身、褐色の肌」という属性が記されている。ポルトガルでは、中国人、日本人、朝鮮人の区別はそれほど明確ではなく、たとえ「中国人／シノ」と記される場合でも、実際には別の東アジア地域出身者であった可能性がある。

アメリカ大陸のインディオとアジアのインディオの分類においても、その区別が困難な場合がある。とはいえ、ブラジルのインディオに関しては、道徳的に未熟であると考えられ、容易に自殺を遂げるため、使役には不向きとされた。イタリア人のフィリッポ・サセッティは、「ポルトガルには世界のあらゆる地域の人間が奴隷として運ばれてくるが、ブラジルに関しては例外である」[1]として、その理由を上述のように挙げている。しかしながら、ポルトガル人が中国当局から滞在を許されて開いた港町マカオでは、「シノ」は黄色人種全般ではなく、限定的に「中国人」を意味した。

スペイン領アメリカにおける「アジア人奴隷」の性格

ポルトガルに限らず、スペイン領アメリカにも多くのアジア人奴隷が存在したことが今日知られるようになった。そのためスペイン領アメリカにおける用語の問題について触れておこう。

スペイン領アメリカで用いられる「チーナ（China)」という国・人種を表す単語は、通常、より広範囲なアジア地域、あるいはアジア人の意味で使われた。アメリカ大陸に渡ったアジア人奴隷の多くは、「チーナ」という属性で表現された。とはいえ、実際には日本人、インド人、中国人、フィリピン人、その他東南アジア諸地域出身の「チーナ」は非常に多かった。

一例として、一六一三年におこなわれたペルーのリマ市在住のインディオ人口についての調査では、多くの「チーナ」の在住が確認される。[2] しかし、彼らの実際の出身地は、ポルトガル人が交易に従事したインドを中心とするアジア諸地域と、東南アジアであった可能性が高いと考えられる。

彼らは、すでに秘密の牢獄に収容されていた（インドの）コチン生まれのアントニオ・チーノという名の「チーノ」を連れてくるよう命じた……。[3]

右のような表現は、スペイン領アメリカの史料に頻繁に見られる。すなわち、ポルトガルで「インディオ／インディア」という語で表された「アジア人」は、スペイン領アメリカでは「チーノ／チーナ」という語に置き換えられたとも言える。それだけではなく、ポルトガル同様に、「日本出身のインディオ／インディア」、「チーナ出身のインディオ／インディア」という表現で、「インディオ／インディア」＝アジア人として使われる場合もある。

これまで筆者が目を通した歴史資料では、「チーノ」と呼ばれる人の出身地は、実際にはフィリピン諸島であると思われる場合が多かった。というのも、スペイン領アメリカに渡ったアジア人は、圧倒的にフィリピン諸島出身者が多かったからである。アジア人が多数存在したメキシコシティのような大都市では、より明確な地域の区別がおこなわれ、「より教化され、使役に向いているという観点から、フィリピン諸島からは、中国人、日本人、ジャワ人等を送るのが望ましい」[4]といった記述もある。その他、スペイン領アメリカでは、「チーナ」という語は、年少のインディオの少女を表す言葉としても使われた。一般的に彼女らは貧しい孤児で、哀れむべきものとして扱われていた。

奴隷と準奴隷に関する用語

英語の奴隷「slave」に対応する「escravo（エスクラーヴォ）」という単語の他にも、実際には奴隷的形態の属性を表す言葉がいくつかある。スペイン語、ポルトガル語共に、ほぼ同様の使われ方があるが、ここではポルトガル語を基準に示す。

モッソ（男）／モッサ（女）moço / moça

エスクラーヴォ以外で、最も頻繁に使われた。この語に正確な定義はないが、一般的には年若い男女で、隷属的な状態にある人々を指す。そこには、すでに解放された「元奴隷」も含まれる場合がある。モッソという語は、基本的には青年期から老年期までの男性を意味するのに対し、モッサという女性形では、一般的に、結婚適齢期、生殖可能期にある女性のみが対象となる。とはいえ、この語の定義、使用例は曖昧で、「ジョアナ、ティモール人のモッサ、六〇歳」[5]といった使用例もある。

モッソ／モッサは、奴隷状態の男女を表す場合があるのと同時に、通常の若い男性／女性を表す言葉でもあることから、史料上では、「奴隷的状態」を暗に意味しつつも、それを明確にしない目的で、あえてこの語が使われる場合がある。とくに南蛮貿易に関するマカオの史料や、イエズス会の日本関係史料などでは、「エスクラーヴォ」や「カティーヴォ（戦争などで生け捕りにされて奴隷境遇に陥った者）」の代用語として頻繁に用いられる。それは後述するように、一五七〇年代以降、日本人奴隷の取引は、ポルトガル国王によって公式には禁じられたものであったことによる。

前述のように、モッソ／モッサは、一般語として、「若い男／女」を意味する。同様の意味で使われる言葉に「メニーノ／メニーナ（menino / menina）」がある。基本的には未成年の男女を表すが、未成年で、養育と「大人による監視」が必要であることを前提に、奴隷的扱いを受ける場合があった。このような年少の奴隷の場合、主人が「親代わり」と考えられた。

モッソ・デ・セルヴィッソ（奉公人）moço de serviço

この語で表される人々には、奴隷である場合と、単純な召使いである場合の両方が含まれる。

どちらも仕事の内容は同じである。奴隷である場合は、単に「モッソ・デ・セルヴィッソ」と呼ばれ、召使いである場合は、それに加えて「自由民(livre)」である等の形容詞が付く。たとえば、「マヌエル、航海士のモッソ・デ・セルヴィッソ、二五歳、自由民」[6]という表現などである。同様の表現に、「ジェンテ・デ・セルヴィッソ(奉公人)」というものがある。この語は、既述のモッソ・デ・セルヴィッソ(奴隷、非奴隷両方)の集合体であり、表現そのものには、奴隷、非奴隷の区別はない。とくにイエズス会史料では、このような表現が用いられた。

モッソ・カティーヴォ(生け捕りにされた奴隷) moço cativo

「モッソ」そのものは、奴隷状態に対して曖昧な表現であるが、「カティーヴォ」は明らかに生け捕りにされた奴隷であることを明示する表現で、奴隷としての意味合いが強調されている。「病院長の特別な命令なくしては、モッソ・カティーヴォを治療のために病院へ受け入れてはならない」[7]。

年季契約のモッソ moço por anos de serviço

この用語は、自発的ないしは他人によって、期限付きの契約で、奴隷的奉公人となった者に使われる。「事前に契約に署名させて購入されたモッソやモッサたち、うち数人は年季契約であることに署名させた」[8]。同時代の史料からは、このような「年季契約」の形態はヨーロッパでは見られず、主に日本に限定的な契約形態であったとわかる。ヨーロッパの商人たちは、年季契約の意味を理解しようとせず、自己都合で、彼らの身分を「永久的奴隷」に変えてしまう場合が多々あった。

これらのモッソたちは、所有者から解放されて、すでに奴隷の状態にないことを明確にするために、「解放された（forro / liberto）」という形容詞が付けられることがある。しかし、「解放奴隷」という語は、必ずしも「自由民」と同じではなく、隷属身分であった過去に対する差別的な意味合いが含まれていた。使用例としては、「その他のいかなる奴隷、いかなる民族であろうと、解放奴隷であろうと、カティーヴォであろうと、大きなカタナを帯びた者を（ゴアへ）連れてきてはならない」[9]とするインド副王政庁の禁令があり、「カタナ」の部分はローマ字で「catana」とあるから、日本人傭兵を対象としたものであったと考えられる。

子供の奴隷

年少の奴隷を指す際、一般的に「年少の男女」を指すメニーノ／メニーナ（menino / menina）という語が使用された。この語の使用例は、遺言状などで、「アントニオという名前の、解放さ

図1　リンスホーテン『東方案内記』挿絵。インド系ポルトガル人の婦人他、各種奴隷の姿が見える。

れたメニーノ（少年）、自宅にて私が息子同然に養育した。この者に遺産としてレアル貨一五〇パルダウを遺す[10]」といった表現がなされる。

奴隷としてキリスト教徒の主人に所有される場合、基本的にカトリックの洗礼を授けられたが、これらの少年少女は必ずしもキリスト教徒とは限らなかった。マカオには少なくとも「未受洗の」少年少女たちがいたことが確認される。年少の奴隷は、必ずしも使役の対象ではなく、権力や富の象徴として所有され、所有者の「慈悲」の象徴として、家庭の子供たち同様に教育を与えられる場合があった。マカオのすこぶる富裕な商人たちは、様々な民族の年少奴隷たちを、身の回りに侍らせていた。リンスホーテン『東方案内記』の挿絵では、年少の奴隷が主人に日傘を差しかけている図、主人の息子たちの侍者として伴っている図などが見られる。

年少者の人身売買は、奴隷として使役の目的のみならず、養子として養育することを目的におこなわれる場合もあった。次の遺言状では、そのような事例の詳細が明らかになる。

イグナシアという名のメニーナにレアル貨一〇〇タエルを、さらにレアル貨一〇〇タエルをジョアンという名の孤児のメニーノに遺す。二人共私が自宅にて、自分の子供同然に育てた。[11]

同様の遺言状の例が他にもあるが、この事例からは、これらの養子同然に育てられる年少者たちの身分は自由民ではなく、あくまでも奴隷であって、成長後に解放される場合や、主人の死に伴って解放される場合があった。

ルイーザという名のメニーナを、生後二〇日の時に購入した。それは奴隷(cativo)としてではなく、娘に対する愛情のようなものであって、実際に私はそのような愛情を以て彼女を育てた。将来、現世において生じるのが常であるような何らかの不幸(不慮の死)が起こる場合、私は彼女を解放し、永久的に自由身分にすることを明言する。また彼女には、結婚適齢期に達するまで、日本とマニラでの生活のために、五〇〇パタカを遺す。[12]

ビッシャ　bicha

古いポルトガル語では、この言葉は家庭内で飼われる雌の動物（犬や猫など）を指す言葉であった。ポルトガル北部のトラス・オス・モンテス地方では、女性性器を意味する。マカオでは、ビッシャは、洗礼を授けるために身請けされた状態の若い女性を意味した。次第にこの言葉は、中国人の年若い女性奴隷（一〇代後半から二〇代）を指す言葉として使われるようになった。管見によれば、この言葉は中国人女性に対してのみ使用され、他の民族の女性には使用されない。

一六三一年に記されたマカオの住民の遺言状では、ビッシャに関して、次のようにある。「この死者はその遺言状において、その家で生まれた現在一九歳のアントニアという名のビッシャを解放すると宣言した[13]」。

公式の記録に現れないまでも、マカオの商人たちの間では、隠語としてかなり古くから使用されていた可能性がある。その後、マカオにおいてこの表現は、マカオ在住の若いアジア人女性奴隷を示す単語となり、中国人に限定されたものではなくなった。一六三四年の遺言状では、「ビッシャ、ベンガル族」という表現が見られ、彼女は三〇年間マリアという名の孤児の侍女になることが明示されている。

図2　ハプスブルク朝スペイン国王カルロスの王女フアナの肖像画（クリストヴァン・モラエス画。ベルギー王立美術館所蔵）。この時代、宮廷で養われる幼少の奴隷は、富貴と慈愛の象徴として絵画にも描かれた。

ネグロ　negro

ポルトガル古語では、この言葉は肌色の濃い人に対して使われ、アフリカ人、インド人、東南アジア人など、様々な人種に用いられた。しかしながら、今日同様、主な対象者は、アフリカ人であった。マカオでこの「ネグロ」という単語が使用される際は、常に「奴隷」を意味し、その出身地はアフリカに限らず、インドなどが出身地である場合もあった。しかし、アフリカ人、とくにザンベジ川周辺のモザンビーク中央部出身者に限定した用例が最も多い。たとえば、マカオで妻帯し、職業は操舵士補佐であったモザンビーク出身、五〇歳のネグロであるフランシスコは、セーナ族出身で解放奴隷であった。[14]

カフル人　cafre

ポルトガル人の従僕である人々の人種を表す表現として、「カフル人」は非常によく見られた。織田信長が所有し、家来に取り立てた「弥助」という黒人奴隷もまた、文献には「カフル人」と示される。[15] 他にも「恩知らず（ingrato）」、「背教者（renegado）」、「不忠義者（infiel）」、「不信心者（incrédulo）」などの不名誉な属性で呼ばれるのも、このカフル人たちである。ポルトガル人は、赤道以南のアフリカ人で、イスラーム教徒ではない者、すなわちより野卑で土俗的な信仰の信心

図3　狩野内膳作南蛮屏風に描かれる、ポルトガル人に仕える奴隷たち（リスボン古代美術館所蔵）。黒人の他に、アジア人らしき人も奉仕している。

者を「カフル」と呼ぶことにしていた。具体的にはアフリカ大陸東南部のモザンビーク周辺の人々を指す。イタリア人のイエズス会士グレゴリオ・フルヴィオがインドへの航海中に著した書簡では、「ポルトガル人たちのこの島（モザンビーク島）には、大変位の高い将官を擁する要塞がある。（その要塞は）非常に大きく、全長三マイルほどもあり、そこには幾ばくかのポルトガル人の他に、その土地の出身者、すなわちカッファリと呼ばれる者たちが住んでいる[16]」。

カスタ（種族）　casta

概してポルトガル人の奴隷は、実に様々な民族・部族の出身者から成り立っていたが、彼らの民族を表現する言葉として、「カスタ」という語が付される事例がよく見られる。一例として、ある遺言状に、「シナのカスタで、グラシアという名の若い女奴隷がベルナルド・ド・グラセス（ガルセス）の家にいる。私はこの女を自分の養女に、（契約上残っている）数年奉公するよう申し渡す。奉公の期間が終了すれば、便宜を図らんことを[17]」とある。

以上示された、奴隷たちの属性を内包するポルトガル語の単語は、時代と共に異なる意味をもつに至ったものもある。しかしながら、一六・一七世紀には、このような意味で使われたことに注意を払う必要があり、現代語の標準的な意味で、これらの用語を理解しようとすれば、誤解の原因となりうる。

先行研究

アフリカの奴隷貿易には及ばないものの、一八世紀末以降、ポルトガル人によるアジア人奴隷の人身売買の歴史については、重要な先行研究が存在する。

一六・一七世紀の日本人奴隷の取引に関して、とりわけ重要な記述が見られるのは、レオン・パジェスの『日本切支丹宗門史』（Pages 1867、パジェス一九四〇）とその『資料集』である。パジェスは、一五九八年、長崎のイエズス会士等によってまとめられた奴隷取引に関する報告書を紹介・分析した。その報告書では長崎でおこなわれていた日本人と朝鮮人の取引とそれによる弊害が明らかにされており、パジェスはその全文を『資料集』でフランス語に翻訳して紹介した。

二〇世紀の初頭、岡本良知が、パジェスの紹介した文書を利用して、日本で初めて、一六・一七世紀に奴隷貿易がおこなわれていた事実を明らかにした（岡本一九七四）。岡本良知の研究には、パジェスの影響を受けたと思われる箇所が随所に見られるが、スペインやポルトガルで見出した新出史料も用いている。岡本がパジェスより進化させたのは、インドにおいて公布された日本人奴隷の取引に関する様々な法令に着目し、それらを分析した点にある。これらの法令からは、ポルトガル人が滞在したアジアの諸都市、とりわけポルトガルのインド副王政庁が置かれたゴアにおいて、日本人奴隷の存在がとりわけ重要なものであったことがわかる。

その後、日本で研究生活を送ったスペイン人の研究者ホセ・ルイス・アルバレス＝タラドリスは、日本においてポルトガル人がおこなった奴隷取引について論考を著した。タラドリスの研究では、奴隷貿易に関する同時代のイエズス会士たちによる書簡記録が多々紹介され、今日でも非常に貴重な研究材料を提供している。これらの書簡の原文は、ローマ・イエズス会歴史文書館やヴァティカンの公文書館等に所蔵されている。タラドリスの研究では、日本において奴隷取引に従事したヨーロッパ人、逆に何らかの罪で日本において犯罪者として捕らえられ、奴隷的身分に落とされたヨーロッパ人などの詳細が描かれている（Áalarez-Taladriz 1970）。

トーマス・ネルソンの研究は、ポルトガル人が日本でおこなった奴隷貿易に焦点を絞り、先行研究を網羅的に紹介し、文献学的な考察においても有益な情報を提供するものである（Nelson 2004）。近年では、マカオに存在した多国籍の奴隷、解放奴隷から成る各共同体社会の実態が、レオノール・ディアス・デ・セアブラ（Seabra 2011）や、イヴォ・カルネイロ・デ・ソウザ（Sousa 2011）等によって明らかにされつつある。セアブラやカルネイロ・デ・ソウザの研究は日本人の奴隷貿易に特化したものではないが、それらの研究からはマカオに存在した日本人複数名の詳細が明らかになり、同時におそらくマカオには日本人の共同体が存在した可能性が推察される。

日本人奴隷の貿易について考察する上では、中国人研究者の金国平と呉志良によって明らかにされたマカオのポルトガル人による中国人の人身売買が、構造的な問題を考える上で非常に有益である。[18]同時代、スペインのセビーリャにいた中国人たちについての研究は、ファン・ヒルによるものが最良である（Gil 2002）。また近年、高瀬弘一郎はポルトガルのインド領国政府と本国の通信記録である『モンスーン文書』に見られるアジア人、日本人奴隷の取引に関する史料を、詳細な脚注・解説と共に刊行している（高瀬二〇一一）。

日本人が外国人に売り渡されるまでの国内でのプロセスや歴史的前提に関しては、藤木久志による先駆的な研究（藤木二〇〇五）を始め、近年では下重清による丁寧な実証研究が大いに参考となる（下重二〇一二）。またこれらの国内的要因と、海外における日本人奴隷の実態を有機的につなぎ、流れとして解説したものには、北原惇（北原二〇一三）と渡邊大門（渡邊二〇一四）によるものがあり、包括的な理解を容易にしてくれる。

しかしながら、海外での日本人奴隷の実態については、いまだ岡本良知の研究が主たる引用対象であり、新出史料から紡ぎ出される個別の事例をつないで、ポルトガル人による日本人の奴隷貿易の全体的な構造を示そうとする本書は、趣を異にすると言えよう。

大航海時代に中南米に渡った日本人に関する研究は、実はかなり古くから存在する。日本から最も遠いアルゼンチンに関しては、カルロス・アサドゥリアンによる、コルドバで発見された日本人奴隷に関する記録の研究（Assadourian 1965）、それらの史料の追跡調査をおこない、新たな知見を加えた大城徹三の研究（大城一九九七）がある。慶長遣欧使節と関連の深いメキシコのグアダラハラにいた複数の日本人については、林屋永吉による史料紹介と分析（Hayashiya 2003）や、近年はメキシコ人研究者メルバ・ファルク・レジェスとエクトル・パラシオス等がさらに研究を深めた（Reys & Palacios 2011、レジェス二〇一〇）。

またペルーのリマ市で一六一三年、書記官ミゲル・デ・コントレラスがおこなった人口調査に登場する日本人やアジア人の記録は、クック等の手で一九六〇年代には翻刻・刊行され（Contreras 1968）、その内容はすでに、南米やスペインの学界では常識的なものになっている。これらの研究をわかりやすくまとめ、新事実も併せて紹介したものに、ブラジルの邦字新聞『ニッケイ新聞』に連載された深沢正雪氏の「日本人奴隷の謎を追って」（二〇〇九）がある。ここで言及した研究以外にも、本書においては、様々な研究者による史料の発掘や解説およびそれらの研究を参照したが、詳細は巻末の参考文献を参照されたい。

このようにポルトガル人による日本人を含むアジア人奴隷取引に関する様々な史料・記録は一九世紀以降、綿々と世に紹介されているのだが、日本人の国際的な人身売買に関しては、いまだ歴史的事実として認知されているとは言い難いのが現状である。

筆者は、数年前、大規模な国際学会で、ポルトガル人による日本人の人身売買について言及したが、大航海時代のアジア海域史を専門とする世界的に著名な研究者から、「そんな話は聞いたことがない。捏造ではないか」という発言を受けた。このような無知はこの問題を同時代史料に基づいて、実証的かつ体系的に論じた本格的な研究が欠如してきたことに由来する。本書は、わずかながらでもその欠を補うべく、平易な表現で、ポルトガル人がおこなった日本人の奴隷取引の実態と、その国際的なネットワークを、実証的に明らかにすることを命題としている。

序章　交差するディアスポラ

——日本人奴隷と改宗ユダヤ人商人の物語

ガスパール・フェルナンデス・ハポンの証言

日本人の奴隷ガスパール・フェルナンデス（日本名は不詳）は豊後、すなわち現在の大分県で一五七七年に生まれた。[1] 八歳か一〇歳頃まで両親の下で育ったが、ある日彼の人生は一転した。ガスパールは誘拐され、長崎へと連れて行かれたのだ。彼の家族の詳細や、誘拐した人物の素性は不明である。[2] この経緯を記した二種類の史料から察するに、ガスパールを後に彼の主人となるポルトガル商人ルイ・ペレスに売った日本人は、ガスパールを入手した経路を説明しなかったようである。彼の主人となったペレスはポルトガル人で、ユダヤ教徒から改宗した新キリスト教徒、いわゆる「コンベルソ（converso）」であった。ペレスはゴアの異端審問所の迫害から逃れるために、長崎に移住してきていた。以下、この章で語られる物語は、メキシコ国家文書館所蔵の異端審問記録とイエズス会士たちの証言書類から判明する事実に基づく。

このルイ・ペレスの運命は、日本人の少年奴隷ガスパールのその後の人生を大きく左右することになる。ペレスが少年ガスパールを購入した経緯は不明である。ポルトガルの商人たちは自分の子供の遊び相手や従者として子供を買うことがあった。子供の奴隷を購入して従者にするのは、己の富貴と寛大さを周囲に知らしめること、つまり財力の誇示と敬虔なキリスト教徒であることの証と考えられていた。子供には過酷な労働は担えず、主人が恥をかかぬよう、食べ物や衣服を十分に与える必要があったからである。あるいは、ただ単純にペレスはその子を哀れに思い、助けたいと考えたのかもしれない。奴隷を購入した動機が何であれ、召使いや奴隷に対する虐待が日常茶飯事であった時代に、ペレスや彼の家族がガスパールに対し、そのような虐待をおこなったとする記録や証言はない。

ガスパールの奴隷契約の条件に関わるものとしては、二種類の文書がある。一つはルイ・ペレスの息子たちによる証言、他方はガスパール自身の証言である。ペレスの息子たちによると、ガスパールの購入価格は一〇ないしは一一ペソであり、それは一般的な年季契約の奉公人の価格に相当するものであったという。[3] 一方、ガスパール自身の証言によれば、彼の売値は八レアル相当(一ペソ)であった。[4] ガスパールが記憶する価格がきわめて安いのは、彼が受け取った金銭とペレス一家が仲買人に払った金銭に大きな差があったことを意味するのかもしれない。

日本の感覚では、年季奉公は「奴隷契約」ではない。つまり、ヨーロッパ人の「期限付き奴隷」に対する考えと中世日本社会の「年季奉公」の慣行に対する意識の間には、相当の隔たりがあったことを前提に、日本における国際的な「奴隷取引」の環境は考察されねばならないのであ

図4　黒人と白人の給仕を従える騎士像（メトロポリタン美術館所蔵）。黒人の子供奴隷を養うのは、主人の富と慈愛を表す。

る。

この契約を合法とするため、ペレスはイエズス会が運営する長崎の聖パウロ教会へその少年を連れて行った。併設されるコレジオの院長アントニオ・ロペスは、その子供にいくつかの質問をした後、一種の証明書に署名した。その証明書では、ガスパールがペレスに一二年間奉公することが明言された。[5] 当時日本で活動するイエズス会は、身元不詳の少年少女や、明らかに違法に取引された日本人に対しては、容易に年季奉公の証明書を発行しなかった。ロペス神父はこの証明書に署名をする際、この男子は違法に入手された、と添え書きした。

また同じ日に、この少年は洗礼を授けられ、フェルナンデスという姓とガスパールという名を与えられた。この姓はルイ・ペレスの一番下の息子マヌエル・フェルナンデスから取られたのであろう。ポルトガル人の代父が自分の姓を新たにキリスト教徒となる使用人や奴隷に授けるのは、慣例であった。[6] かくして日本人ガスパール・フェルナンデスの人生は大きく変わっていった。

ペレス一家との間には労使の関係だけでなく、時と共に内面的なつながりも芽生えていった。さらに、その関係は主人のルイ・ペレスとの間だけでなく、二人の息子アントニオ・ロドリゲスとマヌエル・フェルナンデスとの間でも育まれていった。この一家と過ごすうちに、ガスパールはポルトガル語とスペイン語も流暢に話せるようになった。彼の語学力は、後にメキシコの裁判所において、自身の権利を主張するのに非常に役立つことになる。おそらくペレスが自分の子供を教育する際、ガスパールもそこに一緒にいたのであろう。史料によれば、ルイ・ペレスはガスパールをわが子同然に扱い、ガスパールも、ルイ・ペレスの最期を見届けたことが明らかである。[7]

マカオでのペレス一家の生活

日本人ガスパール・フェルナンデスの数奇な生涯を語るには、まず商人ルイ・ペレスについて詳しく説明しておく必要がある。この人物は一五二〇年代終わりから一五三〇年代初頭に、ポルトガルの都市ヴィゼウで、ユダヤ系の一族に生まれた。[8] ヴィゼウは内陸の田舎町であるが、スペインとポルトガルを結ぶ主要なルートの要所に位置し、ポルトガル建国以来数世紀にわたって、セファルディム系ユダヤ人の重要なコミュニティがあった。その町では、ユダヤ人が市場や大規模な定期市で活躍していた。筆者は入念に調べてみたものの、ヴィゼウでおこなわれた異端審問記録に、ペレス一族あるいはルイ・ペレスの名を見つけ出すことはできなかった。そのため、ペレスの親族や家業の詳細などはわからない。

一五七〇年代に、彼は二人の子供の父親となった。長男の名はアントニオ・ロドリゲス（一五七一年生まれ）[9]、次男の名はマヌエル・フェルナンデス（一五七五年生まれ）[10]である。その年齢からすると遅くにできた子供たちであるが、彼らの母親、すなわちペレスの妻に関する情報はない。わかっているのは、ペレスが幼い二人の子供だけを連れて、ポルトガルからインドへ旅立ったという事実である。ペレス自身の証言によると、彼らは異端審問所に追われており、そのために妻を置いて、二人の子供を連れて故郷を離れたという。ペレスの周辺のポルトガル人の間では、彼と二人の子供は異端審問所の追跡を逃れて、ゴアを経由してマカオへ来たのだと知られていた。[11]

一六世紀、「異端審問所」は、イベリア半島の多くのユダヤ人個人の運命のみならず、国家のあり方そのものにも大きな影響を与えた。このシステムがどのように機能し、ルイ・ペレスの逃亡といかなる関係にあったのか述べておこう。

異端審問は宗教裁判の一つであり、ポルトガルでは一五三六年に、ゴアでは一五六〇年に制度化された。その目的の一つはユダヤ人の子孫を見つけ出すことであった。キリスト教徒への改宗

図5　リスボンの中心部。コメルシオ広場でおこなわれた異端審問による処刑。作者不詳

者の中には、隠れてユダヤ教の宗教儀礼をおこなう者もいた。ユダヤ教信仰の罪で告発され、異端審問所に捕まった人々の多くは財産を没収された。そしてそのうちの多くが最後には死刑を言い渡された。

残念なことに、ペレスの過去については、多くのことが不明である。ルイ・ペレスという名前もまた、偽名である可能性がある。入手した史料からは、ペレスが別の姓「フェルナンデス」を使うことがあったと判明する。[12] さらに息子たちも、アジアにいた頃、自分たちの名前を度々変え、長男は三つの姓で知られていた。[13]

ペレス一家に関する出来事の年代も不確実である。インドへ出発した年すら不明であるが、それは一五八〇年代初頭であったろうと推察される。他のユダヤ系の人々同様、船長あるいは乗組員を買収して、隠れて船に乗り込んだのであろうか。当時、新キリスト教徒「コンベルソ」が国王の許可を得ずにポルトガル領インドへ行くことは禁止されていたからである。

詳細は不明であるものの、ゴアに滞在中、ルイ・ペレスに何らかの重大事が起きた。史料からは、ゴアの異端審問所の官吏がペレスを捕縛しようとしたことがわかっている。ポルトガル領インドでは、一五五七年に新キリスト教徒の迫害が始まり、一五六〇年にはゴアに正式な審問所が設置された。ゴアの異端審問所の追跡を逃れたペレスがマラバル海岸南部の港町コチンへ向かったのは、偶然によるものではなかった。

港町コチンは、紀元二世紀以来ユダヤ人が定住しており、そのコミュニティがイベリア半島から追跡を逃れてくる新移住者を迎えていた。コチンのユダヤ人は、マラバル・ユダヤ人（別名黒いユダヤ人）とパラデシ・ユダヤ人（別名白いユダヤ人）に大別された。パラデシ・ユダヤ人の出自は主にオスマン朝トルコで、ホルムズを経由してコチンに流入してきた。一五八〇年代初頭、ペレスがコチンに着いた頃、そこには豊かなユダヤ人商人のコミュニティがあり、その活動領域を拡大しつつあった。

ゴアとコチンの教会組織の間には緊密なつながりがあり、コチンに移住したペレスのことはすぐに知られてしまった。ペレスは迅速にさらなる逃避の計画を立てた。幸いにもコチンはアジアの他の主要な港町と商業ルートでつながっており、逃亡は容易であった。ペレス一家は、コチンからマラッカへと移住した。マラッカの異端審問はまだシステムとしては確立していなかったからである。東南アジアへの新たな航海には、ペレス一家に新たにコチンで購入したベンガル人奴隷のパウロ・バンパエールが加わった。

当時のマラッカは、東アジア・東南アジアで商業活動を展開するポルトガル人にとって、きわめて重要な港であった。マラッカはインド方面と中国／日本方面との結節点であったからである。マラッカはアジアの多くの商業ルートのハブ港であった。ペレス一家のマラッカ滞在期間やその生活は明確ではない。史料では、マラッカ長官が異端審問所の名義の下、ペレスらを逮捕しようとしたとある。[14] 同じ史料からは、ペレス一家のマラッカ滞在期間が、一五八四年から一五八七年頃であったことがうかがえる。であるとすれば、当時のマラッカ長官は、ドン・ジョアン・ダ・シルヴァである。ゴアやコチンに続いて、マラッカでも安全を確保できなかったペレス一家はマカオへ逃避することになった。[15] 彼らの逃避行を助けたのは、コチンやマラッカに住み、マカオでの交易に従事する新キリスト教徒たちであったと考えられる。

スケープゴート

一五八七年、ペレス一家はマカオに到着した。そこにはかなり大きなセファルディムのコミュニティがあった。マカオに到着すると身分の高い者から低い者まで、彼らがユダヤ人かそれに類するものであることを察知し、「いったいあのユダヤ人たちはどういうわけでこの町マカオへやってきたのだ、もうここにはユダヤ人は十分いるのに」と言う者もいた。[16]

皮肉にも、同じ年、[17]マカオにカピタン・ジョアン・ゴメス・ファイオが到着した。[18]彼はゴア異端審問所の命令により、マカオにいるすべての新キリスト教徒を逮捕する任務を負っていた。その触書きには、告発者には、新キリスト教徒から没収する財産の半分を与え、残り半分が異端審問所の金庫に入ると明記されていた。[19]この動きは、ポルトガル国王による旧ユダヤ教徒のマラッカ、中国、日本への渡航禁令に連動するものであった。[20]

到着して日も浅く、コミュニティとのつながりが希薄なペレス一家は、マカオの新キリスト教徒コミュニティとマカオ司教区のスケープゴートにされた。かくしてペレスに対する正式な告発が発効し、[21]一家全員が司教ドン・レオナルド・デ・サの命令で追跡対象となった。[22]最初に捕らえられたのはペレスの長男、アントニオ・ロドリゲスである。司教の命令で逮捕されたアントニオは、当局に対し、条件付き釈放を求めた。また、保証金の支払いにより、マカオと日本間の商業航海に携わることも認められた。その後日本に上陸し、商取引が一段落しても、アントニオは他の商人のようにマカオに戻らず、そのまま長崎に滞在することにした。そして彼がその後二度と、マカオの地を踏むことはなかった。[23]

次にルイ・ペレスが追跡されたが、マカオの最有力者カピタン・モール・ジェロニモ・ペレイラがペレスを保護した。マカオのポルトガル人共同体の代表で、[24]随一の権力者ジェロニモ・ペレイラはルイ・ペレスを匿い、日本へ渡航する船に同乗させた。なにゆえマカオのカピタン・モールは、国王、司教、ゴア異端審問所の指示に背き、自身の経歴を汚す危険を冒してまで、ペレスとその次男を日本へ逃がしたのであろうか。

それには、ルイ・ペレスとカピタン・モール・ジェロニモ・ペレイラが、旧知の間柄であった事実が影響している。彼らはヴィゼウという同郷の出身であった。[25]一六世紀末、ヴィゼウは人口わずか二六〇〇人の小さな町であった。[26]そのため、すべての住民が知り合いであったとしてもおかしくはない。カピタン・モール・ジェロニモ・ペレイラの手助けにより、ペレスと次男、ベンガル人奴隷パウロ・バンパエールは密かに日本へ渡った。

大型のナウ船（三本から四本のマストを持つ大航海時代を代表する大型帆船。スペイン語では「ナオ船」、英語では「キャラック船」と呼ばれる）に乗り、彼らは一五八八年八月一六日、長崎へ到着した。[27]当時の長崎は南蛮船との交易で活気に溢れていた。先に日本に到着していた長男アントニオ・ロドリゲスが彼らを迎えた。アントニオは長崎に住み、[28]フィリピン—日本間の交易にも携わっていた。[29]その後、ペレス一家が再びマカオに戻ることはなかった。彼らを救ったカピタン・モール・ジェロニモ・ペレイラは、一五八九年四月一日にマカオへ戻った後、自ら命を絶った。その理由は不明であるが、この出来事は、マカオの人々に非常に大きな衝撃を与えた。[30]

長崎でのペレス一家の生活

ペレス一家が新生活を始めた長崎では、新たな町作りが進んでいた。一五八七年、秀吉の伴天連《バテレン》追放令公布後、日本のキリスト教界は苦境にあったが、実際には長崎には多くのイエズス会宣教師が滞在していた。[31]

ペレス一家は三年間長崎に滞在することになった。当初は、ジュスタとジュスティーノという二人の日本人キリシタンが家主の貸家に住んだ。[32] 滞在期間中、最後の六ヵ月間は長崎の頭人《とうにん》（町民側のまとめ役）の一人、高木勘右衛門了可（タカキ・ルイス）[33]の兄弟である高木アントニオ[34]が所有する島原町の借家に住んだ。長男のアントニオ・ロドリゲスはこの家に二、三〇日滞在したのみで、マニラへと旅立った。[35]

最初に滞在したジュスタとジュスティーノの家では衝突が絶えなかった。堺出身で長崎に移住したこの夫婦は、長崎キリシタンのコミュニティのリーダーであった。[36] 彼らは自分たちの財産に、他の人々からも募った資金を合わせ、長崎にミゼリコルディア（慈善院または救貧院）を創設したほど熱心なキリシタンであった。イエズス会士ルイス・フロイスは、ジュスティーノは長崎のミゼリコルディアを整備した後、畿内へ戻り、翌年には大坂の教会とセミナリオ、さらには、堺のイエズス会の住院の整備に携わった、と記す。[37] ジュスタは、長崎の日本人キリシタンのリーダーであった他、[38] コミュニティへの影響力を発揮して、病者、寡婦などのために病院を建設した。[39]

この熱心なカトリック教徒の日本人夫婦が、借家人が敬虔なキリスト教徒ではないと感じて不審に思い、両者の間に摩擦が起こったとしても不思議ではない。ペレスの家には長崎に住む多くの新キリスト教徒が出入りしていた。[40] 詳細は不明であるものの、何らかのトラブルのために、ルイ・ペレスと下の息子は、島原町の高木アントニオ所有の借家へ移動した。[41]

長崎の三人の頭人（後に町年寄）、ペレス家の向かいに住む後藤宗印（ソウイン・トメ）[42]、同じ町内に住む高木了可（タカキ・ルイス）[43]、そして町田宗賀《そうが》（モロ・ジョアン）は、ペレス一家と親しく交わった。頭人は長崎の町人社会を束ねる代表者的な地位であり、裕福で影響力のある町民の中から選出された。頭人は為政者に対する町の正式な代表者であり、その主な役割は為政者が定めた法を住民が遵守しているかどうか監督することであった。彼らは町民に対して幅広い法的権限を握っていた。頭人の他に、それぞれの町に乙名《おとな》、その下に日行司と組頭と呼ばれる世話役がおり、長崎に来て間もない人々を受洗させ、改宗を勧めていた。[44] 各町の代表である乙名に加え、その中から複数の町を代表する年行司が選ばれた。

一五九〇年代、長崎の聖パウロ教会で書かれた文書には、「長崎の町の頭」、「市の統治者」、「市の頭」というような表現が見られる。それらは町年寄である四人のキリシタンのことを主に述べていると思われる。[45] それらの史料からは町田宗賀と高木了可が各町の頭人ならびに年行司であった可能性が指摘される。

これら三人のキリシタンの頭人の証言から、富裕な商人や役人が住む、長崎でも重要な地区であった島原町に住めるほど、ペレスは十分な経済力を持っていたことがわかる。この地域には本来は島原地方からの移住者が住んでいた。島原町という地名も、同地区に最初に住んだ人々の出身地名による。島原町は長崎の主要な地域の一つであり、一六世紀末にはポルトガル人と日本人の商人のうち、とくに裕福な者が暮らしていた。

同様の史料から、ペレスの人物像や、彼と日本人の少年ガスパール・フェルナンデスとの関係がわかる。たとえば当時、多くのポルトガル人商人が奴隷に対し、身体的な虐待を加えたのに対し、ペレスは自分が主人として扱われるのを不本意に感じていたこと、召使いや奴隷に対する虐待をすることはなかったらしいことなどである。さらに興味深いことに、長崎にいた他の多くのポルトガル人とは異なり、ペレスも息子らも倫理面で模範的な生活を送っていた。すなわち、遊女を侍らせたり、妾を囲うこともなく、日本人や日本文化に常に敬意を払っていた。こうした彼らの態度ゆえに、日本人もまた、彼らに好感を持っていた。

日本人の召使いガスパール・フェルナンデスは、家事手伝いとして扱われ、商売には携わらなかったことが確認される。ペレスの末の息子の従者として、またベンガル人奴隷パウロ・バンパエールの調理補助も担っていた。いずれにせよ、彼のやるべきことは、仕事というほどのものではなかった。彼はまだ子供であったし、ペレスには他に三人の奴隷がいたからである。ペレスは

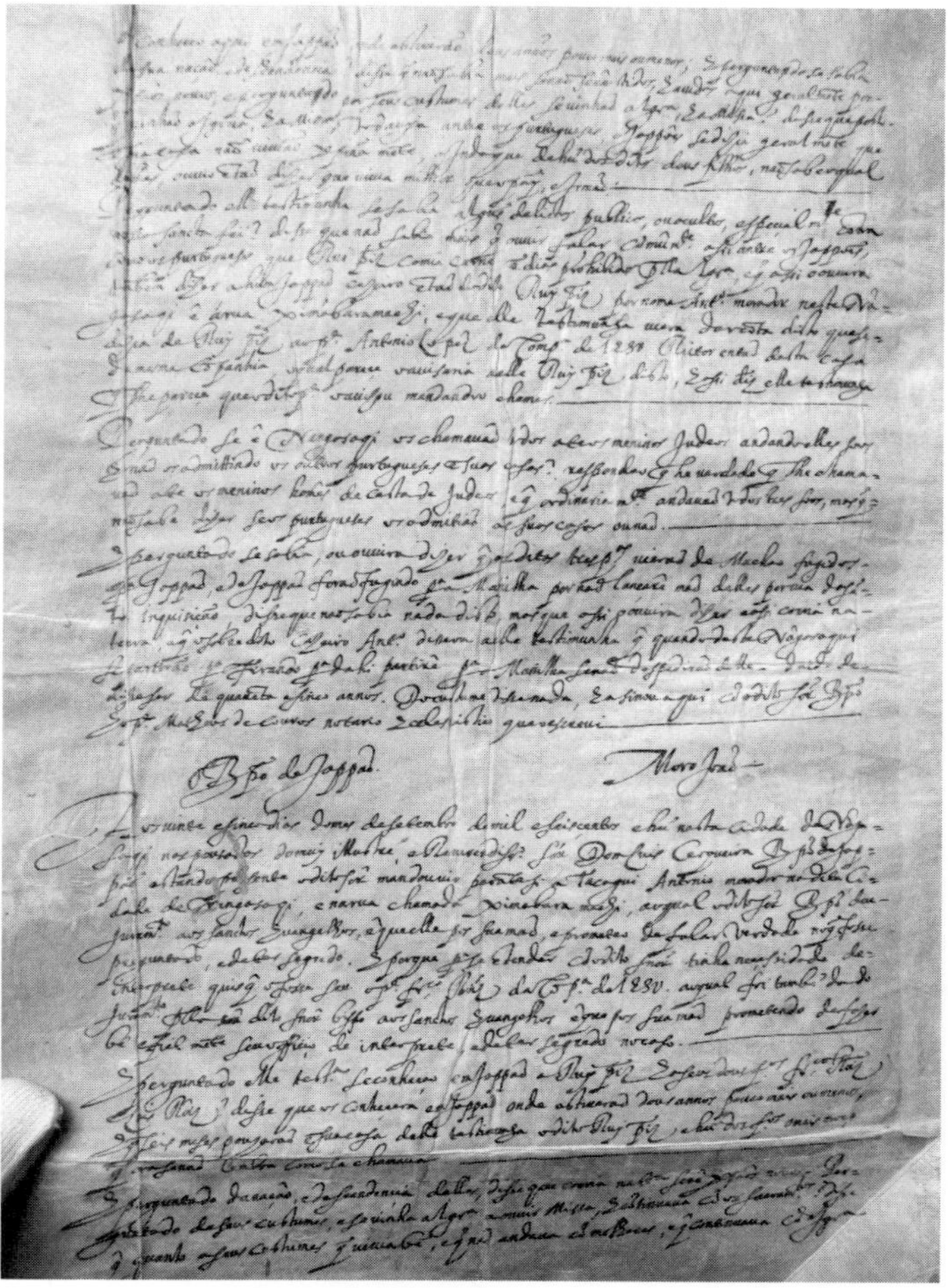

図6　ペレス一家に関する日本人の証言記録（AGN）。これは町田宗賀 Moro João のもの。

ジャワ人奴隷二人、カンボジア人奴隷一人を所有していた。ペレス一家の暮らしは、一六世紀末の長崎に住む奴隷の多様性を考える上でも非常に興味深い。長崎において日本人奴隷と中国人奴隷は、インドや東南アジア全地域出身の奴隷たちと共存していた。

マニラへの逃亡

ペレス家の息子たちは、長崎においてその出自を隠すため、様々な名を使った。長男のアントニオ・ロドリゲス[46]はフランシスコ・ロドリゲス、[47]またはジョアン・ロドリゲスとして知られていた。[48]次男のマヌエル・フェルナンデスはルイス・ロドリゲスと名乗ることもあった。[49]こうした努力にもかかわらず、毎年多くのポルトガル人商人がマカオから長崎に来航したため、ペレスの生活は安全ではなかった。彼がユダヤ人の血統であることは、すぐに町中で知れ渡り、とくに日本人キリスト教徒の間には「ユダヤ人の血」を持つ者に対する嫌悪感があった。キリスト教の暦で肉食が禁止されている期間、とりわけ四旬節の時期に、ペレス一家が肉を食べていたことには彼らも驚いた。怒りのあまりペレスをイエズス会日本準管区長ペドロ・ゴメスに訴える日本人もいた。ゴメスは表向き、この行為を厳しく批判したが、[50]実はゴメス自身もまたユダヤ系コンベルソであることを、日本人は知らなかった。[51]

コンベルソであることが露見すると、家主の高木アントニオ夫婦はペレスらを追い出そうとした。金曜日と土曜日の肉食はキリスト教では禁じられているにもかかわらず、ペレスはその掟を破ったからである。ペレスは老いと病ゆえ、神父からの許可も得た上で[52]肉を食べたことを説明し、ようやく両者の争いは収まった。実際そうした許可が、当時の長崎のイエズス会コレジオ院長[53]アントニオ・ロペス神父から出されていたのである。ペレスの体は年老いて弱り、顔は青白く、鼻と足は大きくむくみ[54]、喘息のため衰弱し[55]、脊柱を痛めて、背中を丸めて歩いており[56]、歯はなかった。[57]外見は、六〇[58]〜七〇歳くらいに見えた。[59]

イエズス会の学院長アントニオ・ロペスは、日本人ガスパール・フェルナンデスに、ペレスに仕えるための期限付き奉公の証明書を発行した人物である。イエズス会士であったアントニオ・ロペスも、当時長崎にいたスペイン人司祭グレゴリオ・デ・セスペデスも、病と老衰ゆえに、四旬節に肉を食する許可をルイ・ペレスに与えたのだが、日本人はそのことに腹を立て彼を告発するなどしたため、新キリスト教徒であるのも大変なことだ、と司祭たちもペレスの置かれた状況に同情した。[60]

ペレス一家と親しくしていたポルトガル人と日本人によると、彼らは長崎で子供たちにすら「ユダヤ人」と呼ばれながら追いかけ回されたようである。[61]高木アントニオは、キリスト教徒として生活しているとはいっても、ペレス一家は本当はユダヤ教徒なのだと、激しく糾弾した。[62]同じくコンベルソであった長崎の住人フランシスコ・ロドリゲス・ピントも、一家がユダヤ人的な生活を維持しているからこそ、そのように呼ばれてしまうのだとの考えを示した[63]。

長崎に定住していたポルトガル人商人ジョルジ・ドゥロイスは、長崎ではユダヤ人の血統は、日本人キリシタンからそのように呼ばれ、その差別が日常的なことであったことを認めている[64]。日本人キリシタンが、普通のキリスト教徒とコンベルソの違いを識別することができたという事実は、開港間もない頃から、長崎にはコンベルソの商人が到来していたことを示している。ポルトガル人商人たちは彼らをからかうために、ペレス家の奴隷である二人のジャワ人[65]と、シャロンと呼ばれた、歯の抜けたカンボジア人奴隷[66]を呼び止め、「(ユダヤ人は)何人なんだ」と質問した。これに対し彼らはさもおかしそうに「(ユダヤ人は)三人です[67]」と答えていたという。

新たな危険

一五九一年八月一九日、ペレスの身に新たな危険が降りかかった[68]。一五八二年にはマラッカのカピタン・モール(Capitão-mór)だったロッケ・デ・メロ・ペレイラ[69]が、今度はマカオのカピタン・モールとして任命され、長崎にやって来たのである。彼にはマカオのカピタン・モールとして、マカオ商人を代表してその年の交易を無事に進める職務の他に、もう一つ重要な使命が与えられていた。それは、有能な官吏としてルイ・ペレスを捕らえ、マカオに連れ戻す任務であった。

ペレスを捕らえてマカオへ連れ戻り、さらにゴアの異端審問所に送る手筈であった。コンベルソの商人フランシスコ・ロドリゲス・ピントはロッケ・デ・メロ・ペレイラから、ペレス逮捕の正当な理由は、彼が禁忌を犯して肉食したことがマカオで報告されたことにある、と聞いた。[70] マカオ在住の日本司教ドン・レオナルド・デ・サやカピタン・モールのロッケ・デ・メロ・ペレイラは、コンベルソ商人の妨害により、この任務を全うするには困難を伴った。

その頃、長崎でのペレス一家の生活は大きな危険にさらされていた。彼がユダヤ人であることを知らない者はなく、容易に異端審問のスケープゴートになりえた。ポルトガルやコチン、ゴア、マラッカ、マカオの時と同様に、ルイ・ペレスは先手を打って逃亡計画を立て始めた。はじめに、二人のジャワ人奴隷とカンボジア人奴隷シャロンを売却した。ベンガル人と日本人召使いのガスパール・フェルナンデスはそのまま一家の元に留められた。

高木アントニオ夫妻によると、ペレスとその次男が突然家を訪れ、急いで別れを告げ、その日の夜に平戸へ発ったという。不審に思った夫婦はイエズス会の学院長アントニオ・ロペスのもとへ赴き、ルイ・ペレスの動向を伝えた。ロペスは、彼らには乗船する理由があるので、[71] 彼らを放っておくよう、高木夫妻に言った。このロペスの言動は、ペレス一家が長崎のイエズス会に護られていたことを示唆するものである。イエズス会はカピタン・モール、ロッケ・デ・メロ・ペレイラの意図を知りつつ、逃亡を黙認した。一五九一年のうちに、ペレスと次男は長崎から船で平戸へ向かい、さらに翌年、そこからフィリピンへ旅立った。ペレス一家には、少なくとも二人の人物、日本人召使いのガスパール・フェルナンデスとベンガル人奴隷のパウロ・バンパエールとが同行した。

マニラに到着

ルソン島のマニラは一五八二年以来、ポルトガル商人、とくにマカオのポルトガル商人が頻繁に訪れる港となっていた。それはセバスティアン・ジョルジという有力な商人が、フィリピン総督ドン・ディエゴ・デ・ロンキージョに対し、マカオ―マニラ間の商船の毎年の通商を交渉し、許可を得たことに始まる。この二つの港町の通商のために、それぞれの都市には、取引に携わるポルトガル人とスペイン人が数多く滞在していた。そのためルイ・ペレスの隠された素性はいつでも暴かれる危険性があった。マカオや長崎でペレスと親しくしていたマニラ在住のポルトガル人かスペイン人が告発するだけで十分だったからである。

しかし、実際のところ、ペレスは比較的安全にマニラで五年の月日(一五九二年から九七年)を過ごした。その間、彼の過去が当局に知られることはなかった。念のため、長崎でそうしたように、ルイ・ペレスの息子たちは自分たちの名前を変えた。長男アントニオ・ロドリゲスはフランシスコ・ロドリゲス、末っ子のマヌエル・フェルナンデスはルイス・ロドリゲスと名乗った。

滞在初期の頃、兄のフランシスコ／アントニオ・ロドリゲスは外出を控えるなど、大変慎重な生活を送った。一方、ルイ・ペレスとルイス・ロドリゲス／マヌエル・フェルナンデスは、見つかるのを恐れずに町中を闊歩した。[72]

一五九五年、長男フランシスコ／アントニオ・ロドリゲスは商売を拡大するため、父と弟をマニラに残して、[73]現在のメキシコであるヌエバ・エスパーニャ（新大陸メキシコ）へ旅立ち、そこで仲介業者として働き始めた。

日本人召使いのミゲル・ジェロニモとヴェントゥーラ

ベンガル人奴隷と日本人召使いガスパールに加えて、ルイ・ペレスはマニラで、二人の日本人召使いと一人の朝鮮人奴隷を入手した。日本人のうち一人はミゲル・ジェロニモと名乗った。ミゲル本人の証言によると、一五七七年生まれの彼は、商人フランシスコ・マルテス（フランシスコ・マルティンス）からルイ・ペレスに対し、五年契約、四〇レアルで売られたという。[74]ミゲル・ジェロニモの購入証書はフィリピンで作成されたことから、ペレスが購入した時にはすでにマニラにいたと思われる。もう一人の日本人召使いは、ヴェントゥーラという名前であった。洗礼名の他、これら二人の日本人召使いに関する情報はない。二人は、ガスパール・フェルナンデスとベンガル人のパウロと共にルイ・ペレスの最期を看取ることになった。

この新しい二人の日本人召使いの他に、ペレスはガスパールという朝鮮人の召使いを購入した。この召使いは豊臣秀吉の朝鮮出兵に際し、日本人の兵士たちに捕らえられ、長崎に連行され、そこからマニラへ送られた来歴の持ち主であった。おそらくマニラの奴隷市場でルイ・ペレスが購入したと思われるが、価格は不詳である。これら二人の日本人召使いとその朝鮮人奴隷は、家事全般を担った。同時にこの朝鮮人奴隷はルイ・ペレスが偽物の聖遺物を売るのを手伝っていた。ペレスは長崎に来る以前に沢山の十字架を集め、それらを砕き、骨の破片と一緒に詰めて持ってきていた。殉教者の遺骨であるとして、本物の聖遺物と見せかけて、マニラに住む日本人のキリシタンにその壊れた十字架を売っていたのである。これらの遺骨は時代的に見て、二六聖人のものとして取引されたのであろう。

ルイ・ペレスの逮捕とメキシコへの船出

マニラでの平和な暮らしが続くと思われたペレス一家の生活は、一五九六年九月九日に起きた最初の告発によって崩れ始めた。ドミニコ会士のディエゴ・デ・カスタニェーダが「ロザリオのコンフラリア（信心会）の楽隊員で、奴隷のフランシスコが、インド、マラッカ、マカオからこの町に逃亡してきたユダヤ人がいると私に伝えにきた」と、異端審問所代表ファン・マルドナード（ドミニコ会士）に告発したからである。[75]

スンダ列島（スマトラ島、ジャワ島、ボルネオ島、スラウェシ島、バリ島、ロンボク島、スンバワ島、フローレス島、ティモール島など）出身の奴隷フランシスコは、一五九六年一〇月二一日にサン・ガブリエル病院に現れ、ルイ・ペレスに関する証言をおこなった。彼はペレスという名前を知らなかったので、「あるポルトガル人が、（禁令に反して）フィリピンからモルッカにかけて航海したと聞いた」とだけ言った。さらに彼は「カンバヤ（グジャラート）出身のイノセンシオという奴隷が、その人物が両系の祖父母共にユダヤ教徒であるクアトロ・クスタード（生粋のユダヤ人子孫であることを示す隠語）で、マニラの執政官の家にいると自分に告げてきた」と加えた。[76] 奴隷イノセンシオは、その人物は二人の奴隷を所有しており、一人はベンガル人でもう一人は日本人であると告げた。[77]

二人目の証言者は、インドのグジャラート出身で、自由民となっていた元奴隷ロベルト・ロドリゲスである。当時はマニラにいたが、長年日本に住んでいた。ゆえに、彼からは有力な情報が聞き出せた。彼の証言の大半は、ペレスが所有するベンガル人奴隷パウロと交わした会話に基づいていた。料理人であったこのベンガル人奴隷は主人ペレスの食習慣、長崎滞在中の一家に関する噂、マニラへの逃亡について詳細に話した。罪状の数を増やすため、四年前、ルイ・ペレスが十字架の前を通る際に帽子を取らなかったことが無礼であるとして、長崎で大騒ぎになったという逸話も暴露した。[78]

この話は、日本人奴隷トメの証言からも確認できる。トメは、「ペレスの息子のアントニオ・ロドリゲスが家で聖母マリアと聖人の像を壊し、九年間、日本でもフィリピンでも教会に通っていなかった、という話をペレス家の日本人奴隷から聞いた」と証言している。

決定的な裏付け

商人の中には、ペレス一家を告発しようと、自分の奴隷を異端審問所の役人のところへ送りつける者もいた。[79] 彼らの証言から、ペレス一家の暮らしの詳細が判明する。まず、バターと豚肉を食べないこと、月曜日、水曜日、金曜日には、洗濯した清潔な服を着ていること、土曜日には足を洗うこと、家には聖人像が一つもないこと、ドアを閉めて食事をすること、日本ではユダヤ教の儀礼に従って雌の子牛を殺していたこと、などの申し立てがおこなわれた。

ついに、マニラの異端審問所はこれらの告発と、目撃者たちの証言を照合して、決定的な裏付けを取ることにした。つまり、ペレス家で働く日本人ガスパール・フェルナンデス、ベンガル人

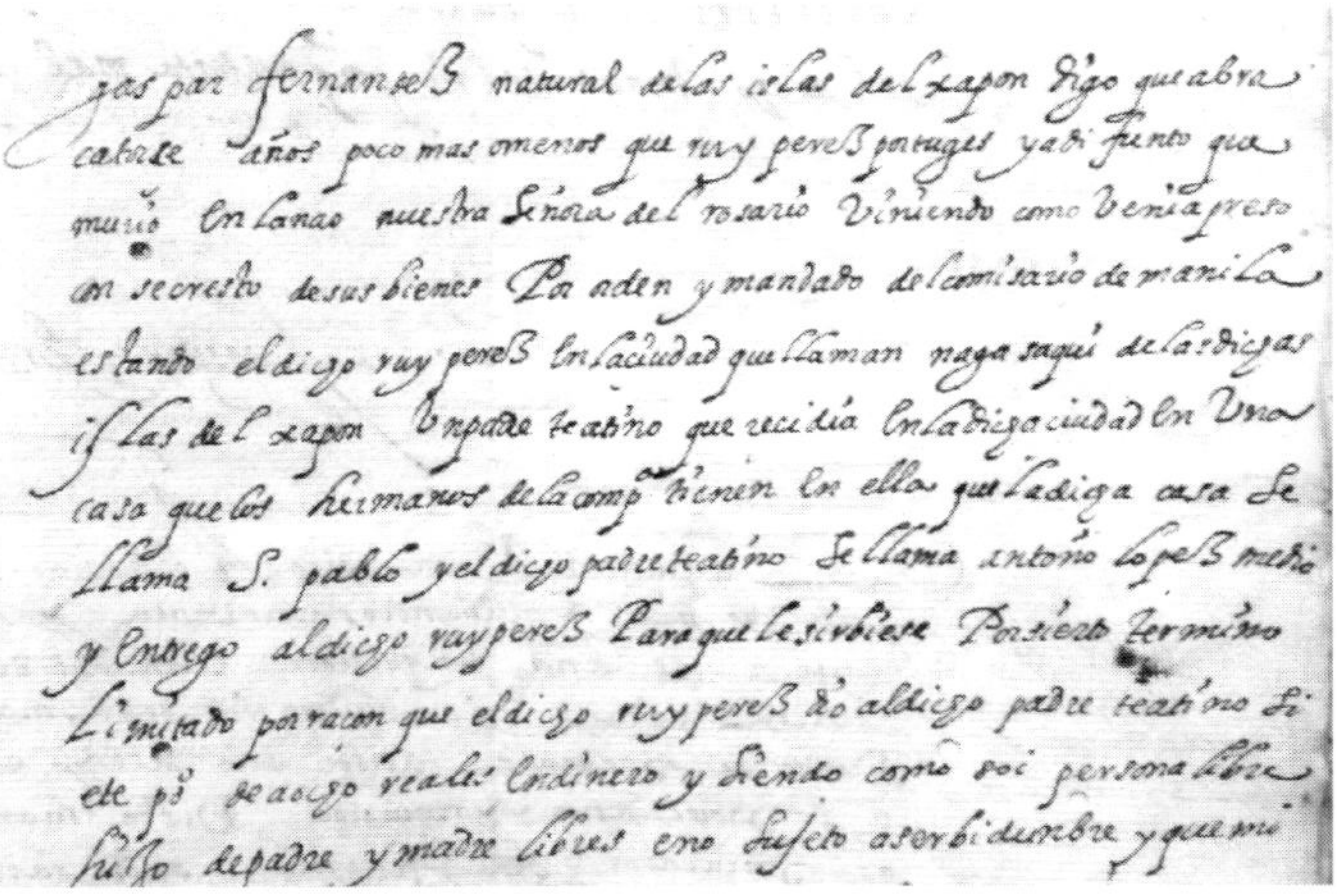
yos par fernansez natural delas islas del xapon digo que abra
catorze años poco mas omenos que ruy perez portuges ya difunto que
murio en la nao nuestra Señora del rosario viniendo como venia preso
con secresto desus bienes Por orden y mandado del comisario de manila
estando eldicho ruy perez en la ciudad que llaman nagasaqui delas dichas
islas del xapon un padre teatino que recidia en la dicha ciudad en una
casa que los hermanos dela comp.ª tienen en ella que la dicha casa se
llama S. pablo y el dicho padre teatino se llama antonio lopez me hizo
y entrego al dicho ruy perez Para que le sirviese Por cierto termino
limitado por razon que el dicho ruy perez dio al dicho padre teatino si
ete p.º de a ocho reales en dinero y siendo como soi persona libre
hijo de padre y madre libres eno sujeto a servidumbre y que mi

図7　日本人奴隷ガスパール・フェルナンデスに関する記録（AGN）

パウロ、朝鮮人ガスパールから証言を採ることにしたのである。

最初の証言者は日本人ガスパール・フェルナンデスであった。自分の発言がどのような結果をもたらすかを知らないガスパールは、ペレスは豚肉を食べず、次男のマヌエル・フェルナンデスは豚肉を食べるとすぐに吐き戻したことを述べた。他に、召使いがニワトリを殺す際は、首を切断するのではなく、溺死させなければいけなかったこと、また、教会当局からの許可の下、ペレスが四旬節と毎週土曜日に肉を食べていたことも認めた。次男のマヌエルは金曜日、土曜日、四旬節には決して肉を食べなかったこと、毎週土曜日、ペレスと息子たちは洗濯をした服を着ていたこと、十字架、キリスト、聖母マリア、聖人の像は持っていなかったこと、ペレスは祝日と土曜日に、教会内でのみ祈禱を捧げたことなどを証言した。[80]

二人目の証言者は、ベンガル出身で、三〇歳のパウロであった。彼はペレスの終身奴隷であった。この奴隷はルイ・ペレスのことをコチン時代から知っていた。彼の証言は日本人ガスパール・フェルナンデスのものとは大きく異なっていた。パウロはペレス家の料理人として働いた経験からの証言で、食事用のニワトリを溺死とは異なる方法で殺していたこと、ルイ・ペレスも息子たちも豚肉と少量のラードは食べていたこと、家には聖母像があり、ユダヤ教の儀礼は一切実践されていなかったこと、日曜日と祝日には教会でミサにあずかっていたことなどが述べられた。[81] 異端審問所での秘密は厳守し、証言内容を後で話さないと誓ったにもかかわらず、パウロは家に戻るやいなや、三時間にわたって主人に対し、受けた質問の内容を詳しく話した。ルイ・ペレスは悲嘆に暮れ、動揺し、目を赤くして泣いた。[82] パウロは主人に対して誠実な下僕であった。

三人目の証言者は、一八歳の朝鮮人、ガスパールであった。[83] 異端審問所での尋問の際、ペレスに審理内容を話したとして、仲間のベンガル人パウロを糾弾し、その命を危険にさらした。朝鮮人ガスパールは、主人は部屋には聖人像を置いていなかった、最近それらを購入し、毛布に包み、ベッドの下に置いていると証言した。それは後に押収された品にあった聖母マリア像のことであったと考えられる。

これら三つの証言、とりわけ日本人ガスパール・フェルナンデスと朝鮮人ガスパール・コレイアの証言は、異端審問所にとってペレス一家が隠れてユダヤ教を実践していたことの確証に必要な証拠となった。

ヨーロッパ人の言い訳

一五九七年六月一一日、異端審問所の官吏イシドロ・サンチェスは、フアン・ルイス、アロンソ・エルナンデス、フアン・ルカスらと共にペレスの家を訪れ、ペレスを逮捕した。ペレスは刑務所へ送られ、イシドロ・サンチェスは彼の全財産を没収した。一五九七年（日付不詳）、ルイ・ペレス、日本人奴隷三人とベンガル人奴隷一人を乗せたガレオン船ヌエストラ・セニョーラ・デル・ロザリオ号[84]が、ペドロ・セディル・デ・グアルカ船長[85]の指揮の下、アカプルコへ向けて出発した。皮肉なことに、異端審問所がルイ・ペレスを追跡してついに捕らえ、有罪判決を下したにもかかわらず、ガレオン船がアカプルコ港に入る二日前に彼は船上で病没した。遺体は一五九七年一一月二九日のシャバトの日（安息日）に、海中へ遺棄されたと推察される。[86]

異端審問記録中のルイ・ペレスの財産目録には次の項目がある。

（第一）二〇歳の日本人奴隷、（第二）別の二〇歳の日本人奴隷、（第三）別の一九歳の日本人奴隷[87]、（第七一）黒人奴隷パウロ[88]

第一項はガスパール・フェルナンデス、第二項はミゲル・ジェロニモ[89]、第三項はヴェントゥーラ[90]のことと考えられる。ガスパール・フェルナンデス同様、ヴェントゥーラもミゲル・ジェロニモもマニラでルイ・ペレスに引き取られ、一家に仕えた。異端審問の記録には、この二人の日本人の証言はなく、ペレスに対する訴訟記録には名前すら残されていない。

ベンガル人パウロ・バンパエールはリストの最後に記載され、一五九七年一二月一日に、マニラ発のガレオン船でアカプルコに到着したという記録が確認できる。そこには「ネグロ（negro）」と書かれている。本来「黒色」を表すこの言葉は当時、「奴隷」の同義語でもあり、決して黒褐色のアフリカ人奴隷のみを指すわけではなかった。[91]朝鮮人ガスパールに関するその後の情報はない。転売されたか、あるいはガレオン船がアメリカへ向けて出発する以前に亡くなったのかもしれない。

日本人のガスパール・フェルナンデス、ミゲル・ジェロニモ、ヴェントゥーラらは、期限付きの奉公人として契約されており、本来ならば「奴隷」として見なすことはできないはずであった。であるにもかかわらず、ルイ・ペレスの財産が没収された際、異端審問所の代表者らは彼らの扱いを終身奴隷に変更してしまった。彼らの属性が本来の購入時の条件から、都合よく書き換えられてしまったことは、ルイ・ペレスの財産目録に記載される項目を見れば明らかである。その記載変更行為は、単なる誤りや勘違いによるものではない。商人たちは、正規の契約をなかったことにし、法に定められた手続きさえ反故にし、彼らの身分を曖昧な「奴隷」にしてしまうことで、自分たちの利益を得ようと目論んでいた。期限付きの奉公と終身奴隷では、その売却値段もまったく異なったからである。

ヨーロッパ人は、「未開の地」と見なす故国以外の土地では、宗教的道徳心に基づく合法的な取引を守る必要はないと考える傾向にあった。商人たちは異人種が自由を失う理由などは、まったく意に介さなかった。多くの商人は、たとえ自分の目の前にいる「奴隷」が、非合法的にその身分となったり、強制的に連行されたという事実を知っても、彼らがその商売を諦めることはなかった。商人たちは、自分たちが奴隷を購入しなければ、捕獲者らは捕獲行為が明るみに出ないよう、殺してしまうだろう（だから購入は宗教的道徳心に基づいた行為である）と主張した。結局のところ、奴隷たちはキリスト教徒の商人の所有物となった時点で、洗礼（ヨーロッパ人にとっては「人間化」を意味した）を授けられるという事実により、彼らの言い訳は正当化されるのであった。

メキシコシティの異端審問所

日本人トメ・バルデスは、一五七七年、長崎に生まれ、一五九六年以降メキシコに居住していた。日本人トメがどのような経緯で奴隷になったのか、詳細はわからない。史料から推察される概略は次のようなものである。

まず、一六世紀末に長崎に居住していた新キリスト教徒のポルトガル人フランシスコ・ロドリゲス・ピントに売却された[92]。そして最終的にトメはスペイン人船長アントニオ・アルソラに売却された。トメはアントニオに伴い、一五九六年にアメリカ大陸へ渡った[93]。この日本人奴隷トメは、ルイ・ペレスの死後何年も経った後、ルイの息子アントニオ・ロドリゲスをメキシコで見かけることになった。トメは、長崎にいた頃ペレス一家と親しくしていたので、すぐに商人アントニオ・ロドリゲスが、ルイ・ペレスの息子であるとわかった。その後間もなく、トメは異端審問所判事ドン・アロンソ・デ・ペラルタ[94]にアントニオを見かけたことを話した。彼は証拠として、長崎でペレス一家と一緒に住んでいたモザンビーク人奴隷の水夫（甲板コーキング作業員[95]）もまた目撃者であることを伝えた。このモザンビーク人奴隷もまた、長崎に居住歴があり、太平洋経由でアメリカへと渡ったのであろう。

トメ・バルデスの告発は、メキシコの異端審問所のみならず、長崎のポルトガル人コミュニティにも衝撃をもたらした。ペレス一家についてのトメの供述は書き写され、マニラへと送られた。その文書そのものは現存しないが、それはおそらく長崎に転送され、それにより、当時の日本司教ドン・ルイス・デ・セルケイラ（滞在期間一五九八〜一六一四）は、この告発の真偽を確かめるべく、新たな調査に着手した。ペレス一家と交流のあった日本人キリシタンたちの証言をも含むそれらの調査記録が、本章でペレス一家の長崎での生活を再現するにあたり、重要な典拠となっている。[96]

メキシコの異端審問所では、「ファミリアール」と呼ばれる捕吏が、メキシコに到着する新キリスト教徒に目を光らせていた。にもかかわらず、ルイ・ペレスの息子らはメキシコで日本人のガスパール・フェルナンデス、別名ガスパール・ハポンと出会うことができた（ハポン〔Japon〕はスペイン語で日本を意味し、本来の姓ではないが、人種や職業といった属性が姓のように扱われるのは、この時代、奴隷に限ったことではなかった）。おそらくこの再会で兄弟はガスパールと、残り二人の日本人奴隷の不運を知ったのであろう。彼らはルイ・ペレスの死後、ベンガル人奴隷パウロと共に、船長ペドロ・セディルにより異端審問所へ送られ[97]、奴隷の身となった。

最初に、一五九九年、ガスパール・フェルナンデス／ガスパール・ハポンの自由民としての身分が立証された。ルイ・ペレスの死後、ガスパール・フェルナンデスは残り二人の奴隷と同様、教会の権威者たちに引き渡された。そこでは本来は期限付きの奉公人であったことと、終身奴隷との身分の違いは考慮されず、ただの「奴隷」として扱われた。ガスパールは商人トマス・デル・リオに二年間仕え、身体的にひどい扱いを受けた。この奉公は二年間であったので、ペレスに仕えた一二年と合わせると、計一四年間、「奉公人」＋「奴隷」身分を務めたことになる。[98] ガスパールの証言に加え、別の日本人ヴェントゥーラの供述は次のようにある。

この町（メキシコシティ）の収容所に収監される（私たち）日本人ヴェントゥーラとガスパー

ルは、（次のように）証言します。私たちは故ルイ・ペレスに仕えて、マニラから当地へやって参りました。閣下のご命令により、捕らえられ当異端審問所へ連行され、当異端審問所の財産没収官ビルビエスカ・ロルダン殿に引き渡されました。ロルダン殿は現在この収容所にはおりません。そして閣下のご判決により、私たちはルイ・ペレスのご子息に引き渡されることになりました。ご子息らは現在この地域にはおらず、来ることもありません。そして私たちは自由の身となったにもかかわらず、この収容所に収監され続けています。現在、誰一人として私たちに対して、いかなる権利も有しません。[99]

日本人奴隷の解放を求める訴訟の最初の証言者となったのは、意外にもルイ・ペレスの長男アントニオ・ロドリゲス（当時、二八歳）であった。彼は一五九四年ないしはその翌年[100]からメキシコシティに住み、その当時はサンティッシマ・トリニダード地区に居住していた。アントニオ・ロドリゲスは、ガスパールを奉公人として雇う契約の際、弟のマヌエル・フェルナンデスとその場に一緒にいたと証言した。以下はその証言書の内容である。それによると、ガスパールはまだ子供で、日本人の売人が何の情報も提供することなくペレスに売った。そのような売買において、個人に関するいかなる情報も提供されないのは当時、当たり前のことであった。その後、取引を合法的なものにするために、ペレスは長崎のイエズス会のコレジオへガスパールを連れて行った。コレジオの院長アントニオ・ロペスが少年を検査し、購入証明書に署名をした。その証明書には、ガスパールの奉公期間は一二年と記されていた。ルイ・ペレスがマニラの収容所にいた間に、その証明書は異端審問所に没収された。

自由民として

二人目の証言者はルイ・ペレスの次男、当時二四歳のマヌエル・フェルナンデスであった。フェルナンデスは兄の供述に同意しつつ、ガスパールは日本人の奴隷商人に連れて来られ、その値段は銀で一〇ないしは一一ペソであったと述べた。さらに、当時は日本人が他の土地から連れてきたり、掠奪した同胞を、ポルトガル人に売ることは日常茶飯事であった、と付け加えた。ガスパールの契約では、文書の取り交わしは一切なく、後日イエズス会によって証拠書類が作成されたのみであった[101]。その書類には、ガスパールは定められた年数奉公し、その後は自由民となることが簡略に記されていた、と証言した。いざ法廷が開かれると、メキシコ異端審問所附属王室国庫の第一財務代表官ガルシア・デ・カルバハル博士は、ガスパールの解放を承認しなかった。彼はルイ・ペレスの息子らはユダヤ教徒の子孫であるため、その供述は信じるに値せず、彼らは異端審問所を欺こうとしていると主張した[102]。

さらに、ペレス家のもう一人の奉公人、日本人ミゲル・ジェロニモ[103]もまた、自分の解放を申し立てた。おそらく一六〇一年末か一六〇二年初めのことである。彼は二四歳であった。彼の主張は、主人であるルイ・ペレスが拘留された後、奴隷ではなく、召使いとしてアカプルコまで渡ったというものであった。その後、メキシコ異端審問所の財産没収官マルティン・デ・ビルビエスカ・ロルダンに引き渡され、彼は、契約に定められた期間よりも二年多く、計四年間仕えた。ミゲルもまた、奴隷身分からの解放を求めたが、この訴訟の結果については文献が残っていないため、彼が訴訟の途中で他界したのか、解放されなかったのかは、不明である。解放されていれば、おそらくその証明書類が残っているであろう。次の主人であったマルティン・デ・ビルビエスカ・ロルダンは、メキシコ異端審問所の重要な役職を歴任し、最後は金庫管理官として、異端審問所が没収する財産の管理を一手に引き受けて、強大な権力を掌中に収めた。[104] 一六二〇年頃、高齢により、その後任候補に関する人事が始まったことが史料から判明する。[105]

他の二人の日本人に関しては、ガスパール・フェルナンデスが王室国庫の財務代表官ファン・ペレスに対して二回目の訴訟を起こした後、前述のロルダンがガスパール・フェルナンデスだけでなく、同じ身分でルイ・ペレスに仕えていた奴隷ヴェントゥーラも自由の身にすることを告げた。最後の審議で、異端審問所はガスパールとヴェントゥーラを、ルイ・ペレスの息子たちに引き渡すことを決定した。一六〇四年六月五日のことであった。

しかし、ペレスの息子たちは異端審問所に、二人の日本人を迎えには現れなかった。ユダヤ教徒としてその場で逮捕され、裁判にかけられるのを恐れたのであろう。とはいえ、メキシコで奴隷にされた二人の日本人の解放は決定的なものとなった。ペレス家の資金援助と危険を犯しての法廷での証言という協力なくしては、それは不可能であったろう。ガスパール・フェルナンデスとヴェントゥーラの二人の日本人は、故郷から遠く離れたメキシコあるいは他の土地で、自由民として生涯を終えたことであろう。

第一章　アジア

I　マカオ

本章から先は、一六世紀後半から一七世紀にかけて、スペイン・ポルトガル勢力が支配的であった地域で生活の痕跡を残した日本人に関する情報を、一次史料から抽出して紹介していく。彼らの点在の有り様は、大航海時代のスペイン・ポルトガル両国を出自とする商人たちの交易ネットワークと密接にリンクしている。そしてその中で、「奴隷」的形態にある人々の姿も浮かび上がってくる。

まず手始めに、日本と一番つながりの深いポルトガル人の港マカオを取り上げる。一七世紀初頭には、かなり多くの日本人が居住していたと思われるマカオであるが、その日本人コミュニティの有り様を正確に描き出すことは、実際のところ容易ではない。というのも、明朝当局が、一六世紀の寧波《ニンポー》の乱（一五二三年）による日明貿易の断絶と、その後の後期倭寇の活動により、日本人の入国を厳しく警戒していたため、マカオに日本人が居住しているという事実は、本来なら

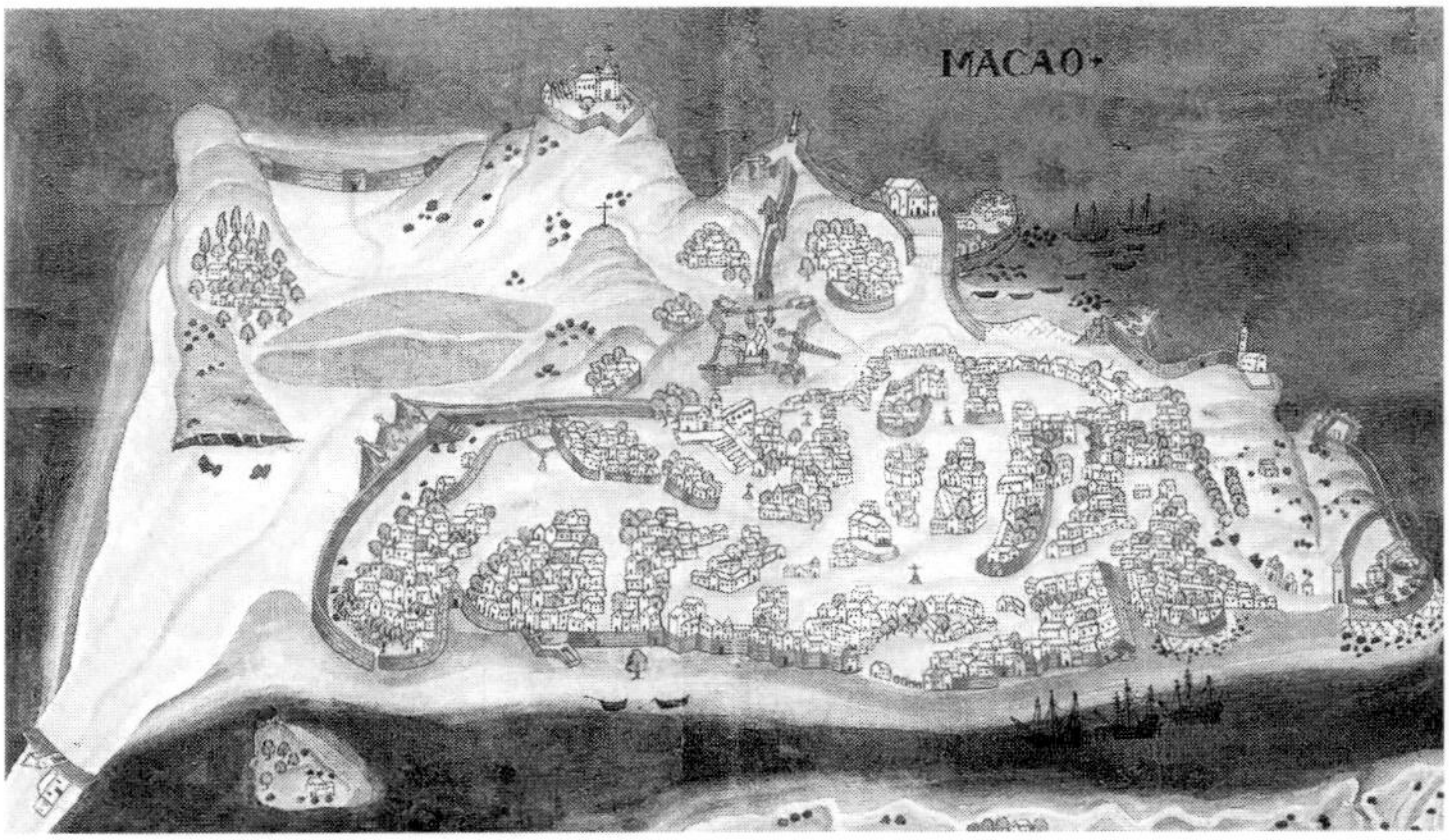

図8　17世紀初頭のマカオ。António Bocarro, *Livro das Fortalezas da Índia Oriental, 1635*

ば許されないことであったから、それについて言及する文献が非常に限られているためである。しかし、残された史料から、そのコミュニティの状況を部分的に再構築することは可能である。マカオのポルトガル人居留区には、その成立初期から、日本人や他のアジア人種が多数共存しており、その社会構造は、ポルトガル人がアジア各地でおこなった奴隷貿易と密接に関連していると言える。

女性の問題

カトリックの第三回ゴア教区会議（一五八五年）で決議された第五条において、ナウ船内で、女性奴隷と男性乗組員の間に、宗教倫理上、不適切な関係が生じることが禁じられている。航海中、女性奴隷は男性から隔離された場所で過ごさねばならず、夜間、女性の部屋には施錠されることが、この時教会関係者によって、「法律」として制度化された。というのもポルトガル領インドには、多様な土地から海上交易で奴隷が到着し、また諸国から「非奴隷」女性たちも連れて来られたからである。[1]

一五九八年、日本にいたイエズス会士たちは、ポルトガル人商人と日本人女性奴隷の関係を大々的に批判した。商人たちはマカオへ戻る際に、内縁関係にある女性奴隷を、こっそり船内の自分たちの部屋に隠して、マカオへ連れて行く習慣があったためである。[2] 第五回ゴア教区会議(一六〇六年)で決議された第三条において、一五八五年と同様のことが再度指摘された。女性奴隷を運ぶナウ船の船長は、女性を乗組員から隔離し、夜はその部屋に施錠する義務が明記された。この規則を破った者に対しては、教会からの破門もしくは二〇〇パルダオの罰金が科せられた。[3]

一五六〇年代に来日した多くのポルトガル船は女性奴隷を乗せて出港し、彼女たちはマカオへ送られた後、さらにマラッカやゴアまで運ばれていった(ソウザ二〇一三)。

ポルトガル人が東アジア海域に出入りし始めた一六世紀中葉、日本人だけでなく、中国人女性も日本経由で他の地域へ運ばれていったことが判明している。一五五六年には、豊後の大友義鎮《よししげ》(宗麟)と山口の大内義長兄弟が、倭寇によって日本へ連れて来られた中国人を送還するのを口実に、明朝との交易を願い出た事実がある(鹿毛二〇一五)。倭寇による中国沿岸部の掠奪とアジアにおける人身売買には密接なつながりがあり、当時東アジア海域で交易を始めたばかりのヨーロッパ人も、そこに関わることになった。それにより、東アジア出身の奴隷の行動範囲が、ほぼグローバルに展開したのである。

筆者は別稿で、ヨーロッパへ渡った一人の中国人女性奴隷の生涯に関する研究をおこない、次のような詳細を明らかにした（ソウザ二〇一三）。彼女は中国沿岸部で生まれ育ったが、おそらく倭寇に掠奪され、日本へ連れて行かれた。そこで、マカオから来航したポルトガル人に売られたと思われる。キリスト教の洗礼を船中で授けられ、ポルトガル名ヴィクトリア・ディアスという名も授かった。その後、ヴィクトリアはマカオからマラッカ、そしてゴアへと向かった。ゴアではコチンのポルトガル人女性に売られ、しばらくこの女性に仕えた後、再びゴアに送られ、ポルトガルの新キリスト教徒の大商人ミランに転売された。そのミラン一家とヨーロッパへ行き、家事奴隷としてリスボンで働いた。リスボンで何十年も暮らした後、ミラン家が異端審問にかけられた際に収監され、こっそり脱獄した後にミラン家の子女たちを連れてアントワープへと逃れた。その後ドイツのハンブルクで暮らし、同地で没した。

また別の事例として、一五七〇年代初頭、一〇歳にも満たない日本人の少女マリア・ペレイラがポルトガルに到着した事実が挙げられる。彼女は二〇年間家事奴隷として仕えた後、自由の身となった。[4] 第三章で詳しく述べるが、ポルトガルには一六世紀中頃から、いわば天正少年遣欧使節の到着よりももっと以前から、日本人が存在したのである。

これらの事例からは、商品の集積地としてのマカオの性格が指摘され、そこに奴隷たちが滞在するのは、概ね一時的なことであったと考えられる。

日本人の女性と男性

マカオ在住の日本人に関して、管見によれば最初の具体的な情報は、一五八三年のものである。それはガスパール・フェルナンデス・デ・メデイロスというポルトガル人傭兵の次のような証言に見られる。

私はマカオでキリスト教徒の日本人と中国人女性が、それぞれの夫の不運を嘆いているのを見かけた。両婦人の主人らはマカオの海岸で釣りに興じていた際、中国人の武装した兵士に捕らえられ、首を切断された。そして、マカオのポルトガル当局は、この件に関し何ら対策を取らなかった中国の官吏たちに対して不平を漏らしていた。[5]

メデイロスが証言した明朝の兵士によるポルトガル人殺害事件に関しては、クリストヴァン・カルドーゾという別のポルトガル人傭兵の証言もある。両者の証言には若干の違いがあるものの、彼女たちが奴隷ではなく自由民で、正式な婚姻手続きを踏んでいたことが双方の史料から確認される。[6] 夫を殺害されたこれらの女性たちに関して詳しい情報はないが、マカオのコミュニティではその黎明期から、異人種間の結婚と交配がかなり進んでいたと推測される。日本人女性の多くは単独ではなく、おそらくポルトガル人のパートナーとしてマカオに居住していた。

後述するが、一六〇七年から一六一三年の間に、ペルーのリマ市で実施された住民人口調査では、マカオに住む日本人女性フランシスカ・モンテイラとスペイン人パブロ・フェルナンデスの間に生まれた男子が記載されている。彼は成人後、おそらくマニラ発のガレオン船に乗ってアメリカへ渡ったのであろう。またフィレンツェ人商人フランシスコ・カルレッティの旅行記『世界周遊談（*Ragionamenti di Francesco Carletti*）』では、一五九八年三月に日本を発ってマカオへ渡る船の船長が日本人女性とポルトガル人男性の混血であったと記している。おそらくこの船長は、フランシスコ・デ・ゴウヴェアという名の混血で、カンボジア方面の交易で活躍した人物を指す。同時代に長崎―マカオ間交易で名を上げた混血児の船長として、かつてイエズス会の同宿でマカオの大商人ペドロ・ガイオの娘婿となったヴィセンテ・ロドリゲスもいる（高瀬一九九四）。

カルレッティはその著書の中で、日本を含む世界各地で奴隷貿易に携わっているので、「奴隷商人」と形容されることがあるが、彼はとりわけ「奴隷」を取引したわけではなく、各地で多様な商品の売買に携わっていた。つまり、「奴隷」はそのうちの一つに過ぎないのである。

マカオには女性に限らず、日本人の男性も少なからず存在した。一五八二年に起きた遭難事故から、乗組員の日本人男性について知ることができる。この年、悪天候と台風により、マカオから日本へ向かう多くの商品を載せた船団のうち一隻がその針路を誤り、台湾の海岸付近で遭難した。ポルトガル人は一五四〇年以降、台湾に立ち寄ることがあった。この事故に関する一連の報告から、当時のマカオ—日本間、いわゆる南蛮貿易航路の乗組員のおおよその人数や人種構成が判明する。

たとえばイエズス会士ルイス・フロイスの『日本史』には、その船の船員は約二〇〇人で、うち八〇人が非キリスト教徒の中国人で、なおかつその船の上級船員であったとある。[7] この記述からは南蛮貿易の船団には、相当数の中国人が乗り組んでいたとわかる。その割合は船員全体の四〇パーセントになる。イエズス会士アロンソ・サンチェスの記録[8]では、その船の乗組員数は二九〇人以上とあり、フロイスの記録よりも多い。また、この遭難事故に関して、イエズス会士フランシスコ・ピレスの報告には、「モロ・ジョアンが率いるジャンク船に乗っていた大勢の日本人と共に、砂地が続く海岸にやっとのことで辿り着いた」[9]とある。そのジャンク船の船長はモロ・ジョアンと呼ばれる人物で、その船には多くの日本人乗組員もいたことが判明する。前述のように、モロ・ジョアンは、後に長崎の頭人となる町田宗賀のことである。つまり、長崎の頭人から町年寄へと出世を遂げる町田宗賀は、若い頃、自分自身でジャンク船を操って海外貿易に従事する船長であり、マカオにも出入りしていたことが判明する。

台湾での遭難に関する史料からは、初期のマカオのコミュニティを形成する三つの柱が見て取れる。すなわち、ポルトガル人、中国人、そして日本人である。町田宗賀やその手下の者たちも、マカオに住居を持ち、マカオ市の商業活動に深く関わっていた。彼らは中国人と共に活動するこ

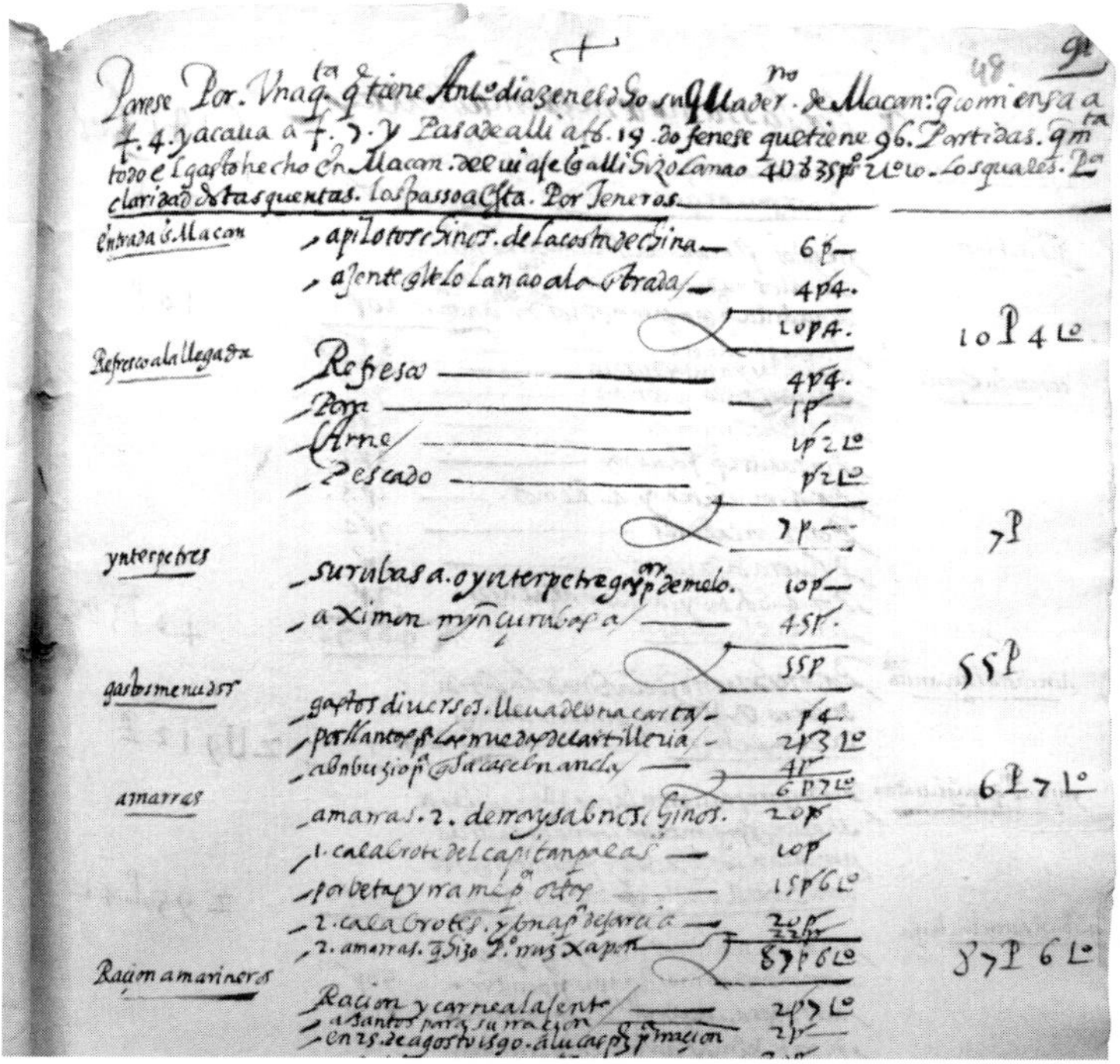

図9　ガルセスの商業日記にあるマカオで必要とした費用の帳簿（AGN）

ともあった。日本人と言っても、その身分は一様ではなく、奴隷、召使いといった使役される立場にあった人々から、自由民、商人、さらには船団の船長まで多様であった。

一五九〇年に書かれたアントニオ・デ・ガルセス（カセレス）の商業日記[10]からは、マカオ港の詳細がわかる。ガルセスの船がマカオ港に入った際の誘導係は、中国人であった。同時に何人かの中国人の海兵がナウ船に乗り込み、船が安全に入港できるよう監視していた。錨が降ろされると、船員たちは飲み物、パン、肉、魚を買った。そしてガスパール・デ・メーロと、シマン・ミンという二人のジュルバッサと呼ばれる通訳を雇った。おそらく二人共ポルトガル系中国人であっただろう。ガルセスは総額約三七二ペソで、船の整備、とくに停泊作業や、槇皮詰《まいはだ》め、釘打ち等の甲板コーキング作業、巻き上げ作業[11]のために、作業員を雇うことにした。作業責任者は、パラッシオ、ペドロ・オルタス、ペロ・デ・ガルシアと呼ばれる中国人であった。さらにガルセスは、ペドロ・ルイス・ジャポンという日本人に対し、船一隻につき二つのロープをかける作業に二〇ペソを、他の作業に四ペソを支払った。後述するように、ペドロ・ルイス・ジャポンは、マカオ港では重要な人物であった。

マカオの港湾機能

話を進める前に、マカオ港と奴隷貿易との関係を明確にしておきたい。マカオの主要な経済活動は商品の集荷と海運であった。ブラジルやヌエバ・エスパーニャにおいて、アカプルコのような大きな港町やメキシコシティのような大都市を除いては、奴隷は主に農場や鉱山の労働力であった。しかしマカオでは、奴隷や元奴隷の大半は港湾労働者ないしは下級船員であったと推測される。マカオがアジア経済の中心地として発展した時期、輸送労働は手短に稼げる方法でもあった。

ポルトガル人の管理下にあったすべての港町では、奴隷は直接それぞれの主人のもとで働くか、主人の采配によって第三者の監督下の労働に派遣された。これらの労働には賃金が支払われ、その一部は奴隷本人に与えられた。その額はおそらく利益の五〇パーセント程度であったろう。それは、奴隷の働く意欲を掻き立てることとなり、主人にとって好都合な方法だった。一方、奴隷にとっては、ある程度自由に日常生活を送ることができるのみならず、解放を得るための資金稼ぎにもなった。マカオでも同様のことがおこなわれていた。おそらくペドロ・ルイス・ジャポンは、もともとは日本人の奴隷で、賃金を貯めて自由身分を得た人物であったと思われる。

同種の史料からは、ペドロ・ルイス・ジャポンが、ガルセスの名前で多くの労働者を雇い、船舶の補修に必要な木材を調達したことがわかる。労働者らの名前は、アンドレス、バルトロメ・サィアット、フランシスコ・メロ、ロッケ・デ・メロ、フランシスコ・メンデス、フランシスコ・ベンガーラ、フランシスコ・プレット（プレットは黒色を表すポルトガル語で、この場合アフ

図10　マカオ図。デ・ブレイ兄弟『大小の航海録』(De Bry, *Petits Voyages*, Frankfurt-am-Main, 1606-1607, vol. VIII) 挿絵。

リカ人を指す)、ジョアン・ジャポン(日本人)であった[12]。

日本人ジョアン・ジャポンは、最も卑賤な仕事に従事する賃金奴隷で、その賃金はわずか半ペソであった。労働者リストの中で、ジョアン・ジャポンは最後に掲載されている。他の奴隷の国籍、たとえばフランシスコ・ベンガーラはベンガル地方出身、フランシスコ・プレットはアフリカ出身であると推測できる。残りの者に関しては、その名前から出身地を知ることはできない。ポルトガル人の名前を持つ者は、彼らの主人の名前を有していたと思われる。たとえば、ロッケ・デ・メロはおそらく、一五九〇年から九一年、マカオ市のカピタン・モールを務めた、ロッケ・デ・メロ・ペレイラの奴隷であったと思われる。

このマカオの港湾機能の労働者として不可欠な下級労働者の他、マカオには、ポルトガル人の家庭に仕える別の種類の日本人がいた。いわゆる家事奴隷である。家事奴隷は主人に従属し、水汲みや食糧の調達、料理、掃除、伝令、主人の子供らの子守、主人の移動付き添いなどを務めた。一六〇六年から一六〇七年にデ・ブレイ兄弟によって編纂された東洋への航海記録集『大小の航海録（*Grands et Petits Voyages of De Bry*）』に収載されるマカオを描いた図からは、同地の奴隷に関して多くの情報が得られる。そこに収載される版画は、マカオを描いたヨーロッパの印刷物としては、きわめて初期のものである。そこには、農村の風景、漁業の様子、船から陸へ商品を運搬する作業等が描かれる。さらによく見ると、二人の行商人が商品を売り歩く姿、輿を担いだり、日傘を差す奴隷たち、武装した奴隷／傭兵が騎乗のポルトガル人を護衛する様子などが観察できる。[13]

遺言状と異端審問調書からわかる奴隷の詳細

日本人の家事奴隷がマカオ社会に存在したことは、一五七六年以降、複数回にわたってカピタン・モールとしてマカオから来日したドミンゴス・モンテイロの遺言状（一五九二年）にも明白である。[14] その遺言状には、「私のために働いた日本人男女の奴隷たちは、自分の死後は自由の身

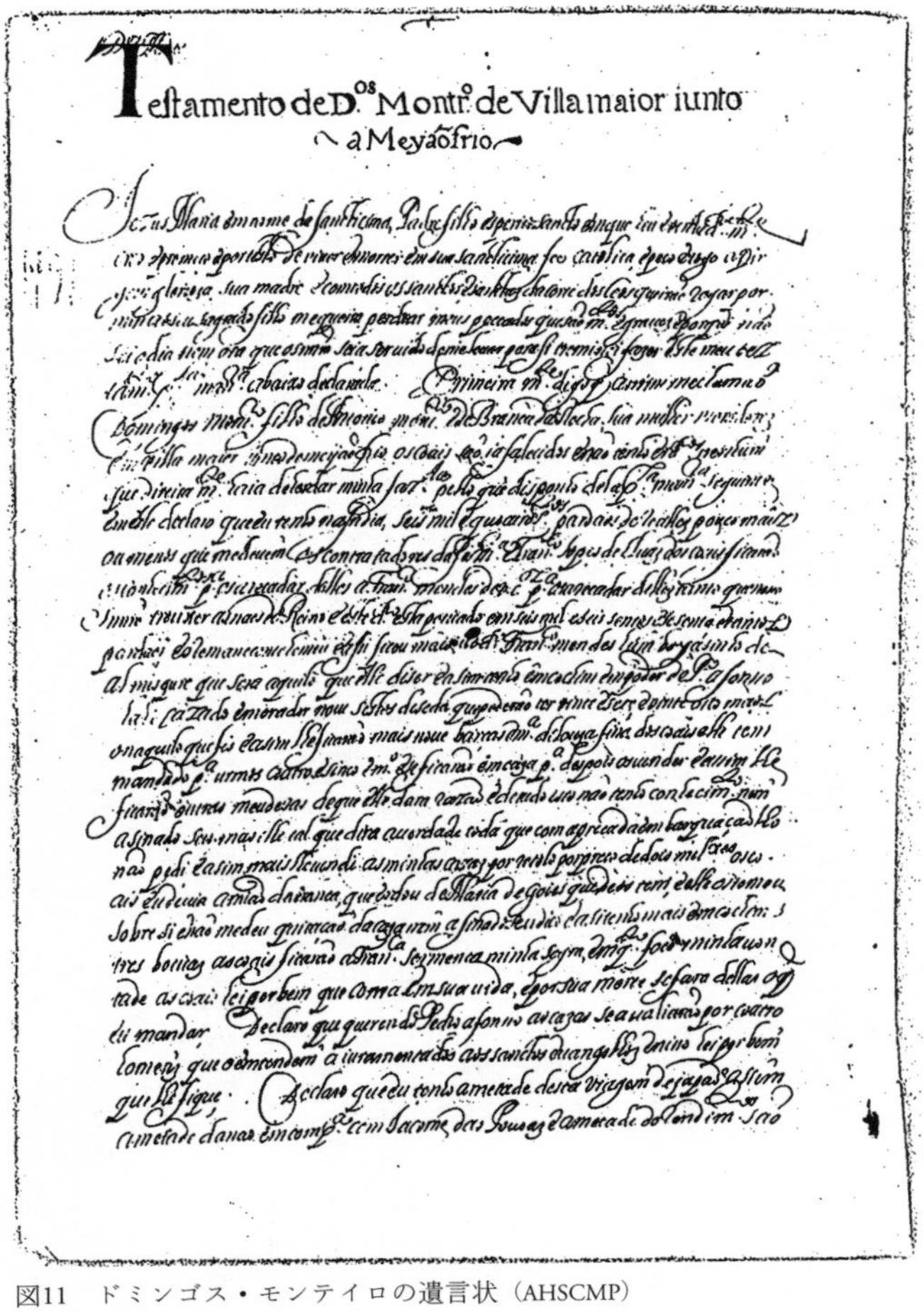
Testamento de D.os Montr.o de Villa maior iunto a Meyao frio

図11　ドミンゴス・モンテイロの遺言状（AHSCMP）

となる」とある。うち女性の奴隷は、各々五〇パルダオの恩給を受け取った。ヴィオランテという日本人の女性奴隷は、四〇〇パルダオを受け取った。名前は不詳であるものの、他にも多くの日本人奴隷が解放され、各々一〇パルダオを受け取った。ドミンゴス・モンテイロの奴隷たちの中には、マリア、セニョーラ・アマリサゥン、ジョアン（女性）、ギオマール、アグエダ、マリアーナといった名前の未成年の日本人少女たちがおり、結婚適齢期になるまで、モンテイロの従兄弟にあたるガスパール・ピント・デ・ロッシャの家に滞在することが示された。

また別の遺言状から、一六〇〇年頃マカオにいた別の未成年の日本人の女性奴隷の詳細がわかる[15]。マダレーナというその女性は、ルシア・ロウバータという婦人に仕える奴隷であった。ルシアは商人クリストヴァン・ソアーレス・モンテローソの妻であった。彼女は遺言状に、自分の死後、日本人奴隷のマダレーナを解放し、一〇パルダオを与え、結婚するまでフェルナン・パリャーレスの家で暮らすように、という指示を残している。その家にいた別の二人の未成年女性奴隷が転売されたことから、マダレーナは、その家庭で特別な存在であったと思われる。

マカオに住んだポルトガル人の遺言状は、マカオ社会の構成を知る上で非常に貴重な情報を提供するものであるが、現存するものは多くはない。しかしこれらの遺言状からは、当時の日本人奴隷が置かれた環境が、非常に国際色豊かなものであったとわかる。たとえば、前述のマダレーナはシャム人や中国人の奴隷と一緒に暮らしていた。

レオノール・ダ・フォンセッカというマカオ在住のポルトガル人女性に関する一五九三年付の

異端審問記録[16]からは、ポルトガル人の女性に仕えるイネスという名の日本人女性がいたことがわかる。イネスの主人は、ユダヤ教徒の嫌疑で異端審問所に逮捕され、貧困のうちに没した。この女性奴隷についても、その後は不明であるが、おそらくその後、マカオの他の家族に売られたと思われる。

実際のところ、多くの奴隷は、解放後、仕事を得て、自立して生きていける可能性があった。男性の奴隷や元奴隷がマカオの港湾労働者として働く一方、女性の解放奴隷らは家庭内で、召使いとして働くのが一般的であった。たとえば一五九三年頃、マリア・ピレスという名の元奴隷である日本人女性がマカオに住んでいた。彼女は一五六二年に日本で生まれ、一五八三年頃にマカオへやってきた。解放された彼女は召使いとして、マカオの商人宅を転々としたという。

似たような事例は他にもある。ウルスラ・ペレイラという女性は、一五六〇年から一五六四年の間に日本で生まれ、解放後も、召使いとしてマカオに住み続けた。彼女は（マカオ生まれの）件《くだん》のポルトガル人女性レオノール・ダ・フォンセッカに仕え、生後四カ月の赤ん坊の子守となった。マカオの裕福なポルトガル人家庭には、おそらく少数であろうが、男性の奴隷もいた。一五九三年の記録では、アンドレ・ヴァズという日本人の男性奴隷がニコラウ・シルヴェイラという神父の所有であったことがわかっている。

日本人傭兵

マカオにいた日本人は、奴隷、自由民といった身分にかかわらず、マラッカ、ゴア、マニラ同様に、後述の職業の他、兵隊／傭兵として働くことがあった。マラッカでは一六〇〇年から一六一四年の間、町の警備役として、マレー人兵の他、日本人傭兵がいた。[17] 一六〇六年、オランダ人の艦隊長マテリエフがマラッカを攻撃した際のエピソードには、アンドレ・フルタード・デ・メンドンサ隊長の指揮下のポルトガル人、マラッカ生まれの混血、先住民、さらには各地からの奴隷が、マラッカまで商用で来ていた日本人の船の加勢を受けたことが知られている。また、ゴアの市参事会関係の文書でも、島を守備する日本人の奴隷兵の必要性が述べられている。同じ文脈で、もし日本人奴隷が解放されれば、現地人に加勢して反乱を起こす危険性も危惧されていた。その事実は、ゴア在住の日本人奴隷が非常に多かったことを示唆している。[18]

フィリピンでは、一五九六年一月一八日、日本人傭兵のグループがスペイン軍のカンボジア遠征に参加した。二年後の一五九八年、別の日本人グループが、スペイン軍に参加し、二度目のカンボジア遠征へ出発した。[19] 一六〇三年一〇月六日、マニラで起きた在住中国人（サングレイ）の大虐殺には、スペイン軍とともに、人数不明の日本人と一五〇〇人のパンパンゴ先住民とタガログ先住民が加わった。[20] 一五九七年四月一六日、フェリペ二世（スペイン王。在位、一五五六〜九八。ポルトガル王としてフェリペ一世）は日本人に対し、マカオ市内での武器使用を禁止する法律を公布した。この法律に反した場合、厳しい罰則が科されることとなった。

マカオでは、兵隊／傭兵には自由民か奴隷の二パターンがあった。日本人で奴隷の場合は、単独行動でも従者として行動している時でも、いかなる大きさの刀剣類も帯同することは禁じられていた。その命令に背いた者は、日本人奴隷であればインドのガレー船での終身漕役刑が科された。自由民であれば同じガレー船で一〇年の同刑となった。[21]

一五九二年、マニラでも同様の方策が採られた。総督ゴメス・ペレス・ダスマリニャスは、マニラ在住の日本人の兵力を恐れ、同地域の日本人コミュニティの弱体化を図った。そのため、日本人コミュニティはマニラ市中心から離れたディラオ地区へ移され、あらゆる武器が没収された。[22]

とはいえ、マカオでは、この法律に従う人間はいなかった。なぜなら、一般市民も宗教関係者も、これらの傭兵を必要としていたからである。[23]

マカオではこれらの傭兵の活動に、アフリカ人奴隷も参加していた。うち多くが「カフル」と呼ばれるモザンビーク出身者であり、ポルトガルの貿易商人たちに雇われていた。[24] マカオには多くのモザンビーク人が住んでいた。

彼らが日本やマカオなどの極東へ至る来歴は、概ね次のようなものであった。インド航路を渡るナウ船は、ほとんどの場合アフリカ東沿岸のモザンビーク港に立ち寄る。そこでは奴隷を安値

図12　元和大殉教の図（ローマ、ジェズ教会所蔵）。宣教師たちの磔刑を眺める聴衆に、黒人や朝鮮人の姿が描かれる。

で仕入れることができ、彼らはゴアで売却された。さらに彼らはアジアのあらゆる地域へ運ばれた。とりわけマカオでは、モザンビーク人奴隷は高値で取引され、裕福な商人たちは彼らを日本への航海に同伴させた。彼らの姿は、一六二二年長崎でおこなわれた宣教師の大規模な処刑、いわゆる元和《げんな》の大殉教を描いた絵画（ローマのジェズ教会所蔵）にも、処刑劇の観客として描かれている。

興味深いことに、アフリカ人奴隷あるいは傭兵の多くは、給与を受け取り、自分のために奴隷を購入することもあった。一五九八年の記録では、アフリカ人奴隷が長崎で日本人奴隷を買ったというものがある。[25] また、フアン・ビスカイノという名のアフリカ人奴隷が一六三一年、日本人奴隷フアン・アントンを解放したという記録もメキシコに残っている。[26] フアン・アントンが解放に要した費用は、一〇〇ペソであった。

自ら身売りする人々と奴隷の末路

一六世紀末、マカオ在住の日本人人口は増加傾向にあった。当時、カピタン・モールや私貿易商人の船が毎年のように日本へ渡航し、その乗組員として日本人がマカオへ到来したからである。日本人がポルトガル船の乗組員になる背景は、複雑であった。多くは犯罪者や、借金、貧困などから逃れようとする者たちであった。海外渡航を目指す日本人には、マカオは黄金郷のように見えていたのであろう。中には奴隷の売人が提示する条件を受け入れて、自分で身売りする者もいた。奴隷になるには本人の同意が必要であったが、こうした人々は自分がどういった立場に置かれ、どのような仕事に従事するのかということさえ知らなかった。

マカオへ着くや否や、日本人は失踪すると言われていたため、ポルトガル人の中には、日本人を乗客として乗せたがらない者もおり、マカオへの渡航を望む日本人の中には逃亡しないことの保証として、売人に自身の身柄を売り渡して、あえて「奴隷」身分に落ちる者さえあった。[27] 奴隷の売人は日本人の認識不足と、海外で新しい人生を始めたいという欲求を上手く利用して、容易に奴隷を集めることができた。こうした人々は、マカオからさらにポルトガル人の要塞や駐屯地へと売られていった。

さらにこのような奴隷の、マカオにおける悲惨な境遇もまた事実であった。たとえば、主人が没し、遺言状により自由の身が約束された日本人奴隷の中には、解放後、犯罪に手を染める者もいた。彼らは集団で、マカオに食料を売りに来る中国人たちを襲うこともあった。

一六世紀末、事態はさらに深刻なものとなった。貧困者たちは強盗集団を結成し、一般市民を襲い始めた。スペイン国王フェリペ二世（＝ポルトガル国王フェリペ一世）は、この状況に何度も介入せざるを得ず、度々司法官を派遣したり、地元の当局に対し、こうした罪人の捕縛を指示した。[28]

フィリピンのスペイン人たちと外交面あるいは商業面で問題が生じた際、ポルトガル人は復讐の手段としてアルコール中毒者、強盗、犯罪者など、厄介な奴隷を集め、船に乗せ、マニラへと送った。その中には日本人も含まれていた。マニラで売りに出されたこの種の奴隷は、マニラ市内で数カ月にわたり混乱を引き起こした。一六〇五年から一六〇八年の記録には、こうしたポルトガル人のやり方に対する多くの不平、不満が記されている。[29]

マカオでの生活に不慣れなまま、主人から離れ、自由民となった日本人は、女性の場合、生きる術として、売春を選ぶことも多々あった。[30]

またゴアからマカオに至るポルトガル領の港では、病気で働くことのできない高齢の奴隷が、しばしば道に捨てられ、誰にも拾われることなく孤独死する姿も見られた。こうした高齢の奴隷はまったく利益を生まず、養うのは経済的な負担であり、また彼ら自身、生きていく術を持たなかったので、主人は自死を命じた。この状況を目の当たりにした教会当局は、一六〇六年、主人が奴隷の末期の面倒を見ないのであれば、その奴隷は解放されるべきこと、そして誰にも拾われず、治療を受けられない場合は、その地のミゼリコルディア（慈善院または救貧院）の院長と修道士たちが身柄を引き取り、貧困者向けの病院に収容することを決定した。[31]

日本船のトラブル

一六〇八年頃、ポルトガル人に仕える日本人傭兵に加え、マカオに到来する日本人奴隷の数が増加した。そのため、マカオのポルトガル人居留地における日本人の存在に対し、中国当局は黙認し続けることが難しくなってきた。ちょうどその頃、九州の大名有馬晴信が遣わした朱印船に乗ってマカオへ到来した日本人の船員らと、マカオのポルトガル人たちの間に争いが生じた。俗に言う、マカオ事件である。三、四〇人からなる、武装した日本人集団は我が物顔でマカオの町に逗留していた。そして、この一団がマカオ市民のジャンク船一隻を船ごと盗もうとする事件が発生した。

以下、事件の詳細と経緯を、大航海時代史研究の泰斗《たいと》ボクサーが紹介した史料によって流れを追ってみる。[32] その文献によれば、彼らの目的は町を掠奪し、奪ったジャンク船で日本へ帰ることであった。

その窃盗事件を解決するため、明朝官憲は、当局に渦中の日本人を引き渡すよう伝えた。明朝によるマカオのポルトガル人居留地行政への干渉を憂慮し、その命令を受け入れ難いマカオのポルトガル当局は、日本人に対し、明朝の兵士たちに見つからないよう、変装し武器を隠すこと、もし従わない場合、マカオから生きて出られないであろうと伝えた。その最中、ポルトガル人とマカオにいた別の日本人集団の間で新たな争いが起き、状況は悪化した。

ポルトガル当局は、中国当局を過剰に刺激することなく、この争いの鎮静化を図ったが、その試みは日本人の暴徒化により失敗し、致命的な様相へと発展した。オウヴィドールと呼ばれる特別治安院判事が重傷を負わされ、マカオの有力市民の息子が戦闘に巻き込まれて死亡し、ポルトガル人数人とその奴隷たちが負傷した。この争いの最中、日本人の中には戦いを放棄した者もいたが、戦闘を継続した日本人は、一軒の民家に立て籠もり、そこに有馬家の家臣たちも参入した。立て籠もった者たちは、計約四〇人となった。武器を捨て、当局に身柄を拘束された者たちは、軽い罰を受けた後、解放された。しかし、民家に籠城した日本人たちは、結果としてほとんど全員が殺害された。わずかな生存者は、イエズス会の神父らの仲介もあって、家から出て、処罰を逃れた。

この事件後におこなわれた調査では、現場にいたとされる多くの日本人から証言が集められた。

その後、事件の首謀者と見られた一人の日本人が処刑された。そのエピソードから、その争乱には有馬家の家臣を含む船の乗組員にとどまらず、マカオ在住の日本人コミュニティの者たちも参加していたとわかる。後者の多くはポルトガル人に雇われた傭兵であった。

明朝当局の日本人に対する警戒

その争乱の経過と結果は、明朝当局を警戒させることとなった。明朝当局には、マカオに滞在を許可したポルトガル人の社会が、当初とは異なる様相を帯びてきているように感じられたのであろう。それまで、ポルトガル人は単に遠隔地との交易を任された存在であった。黙認してきたマカオにおける日本人の存在は、今回の騒乱によってもはや見過ごしえないものとなり、またポルトガル人に対する信用も揺らいできた。明朝当局の警戒を察知したマカオのポルトガル当局は、その状況をできるだけ穏便に収束させようとしたのだが、結果は裏目に出てしまった。

一六一四年、実質的にマカオを管理する広東省の両広総督（広東省・広西省の総督）張鳴崗《ちょうめいこう》は、マカオから日本人を追放する命令を下した。またポルトガル人が日本人の居留を認めてきた行為そのものが、明朝当局にとっては、裏切りとして認識された。[33]

この問題の処置のため、明朝官憲たちがマカオを訪れると、港湾地帯は黒人と日本人奴隷で溢れかえっていた。そこで、明朝官憲は日本人九〇人以上を追放した。しかし、ポルトガル人が新たに日本人を連れてくるのではないかと懸念して、もし新たにポルトガル人が、マカオに日本人を連れてくるなら、その者を明朝の法に従って断首の刑に処すと脅した。[34]

明朝からの圧力に対し、ポルトガル人らは、自らの正当化のため、マカオ租借当初からこの地に滞在してきた「古ポルトガル人」の商人らは、中国当局が定めた法律に常に従っており、広東沿岸を襲う海賊との戦いを通じて、秩序の遵守に貢献した、と主張した。マカオの日本人問題の責任を回避するため、マカオに日本人を連れてきているのは、中国人とアフリカ人傭兵たちであると主張した。

さらに、マカオ市の代表は、ポルトガル人と日本人の関係の悪化を示すために、マカオ事件に連鎖して一六一〇年に長崎港内で起きた、いわゆるマードレ・デ・デウス号（ノッサ・セニョーラ・ダ・グラッサ号）事件について説明した。それは、一六〇九年にカピタン・モールとしてマカオから長崎へ渡ったアンドレ・ペッソアが、その年の末、長崎奉行と有馬晴信の軍勢に襲われて、船員・船もろともに自爆した事件である。この事件は、一六〇八年にマカオで起きた事件に対する復讐行為であると認識されており、マカオと日本の通商はこれにより中断された。加えてポルトガル人たちは、マカオに日本人が居留するのは、中国人の海寇がその地へ連れてきたためであると主張した。[35] その後も、マカオには日本人のコミュニティが存続したが、一六一四年の九〇人の日本人（おそらく傭兵）の追放により、いったん事態は収束したと思われる。

キリシタンの移住

ところが同年、今度は日本国内のキリシタン問題により、マカオに多くの日本人が到着した。一六一四年一月二一日、江戸幕府は日本の国土からの伴天連《バテレン》、つまり宣教師の追放を命じ、それに主だったキリシタンたちも随行した。宣教師や知行地を失った多くの有力な日本人キリシタンを乗せた三隻の船のうち、一隻はマニラへ、残り二隻はマカオへと向かった。各船には約一〇〇人のキリシタンと宣教師が分乗したと言われるから、この時出国したのは約三〇〇人ほどであったと推測される。その年、マカオ港に到着した日本人の正確な数は不明であるが、一六一四年一二月二一日、マニラには、三三人の教会関係者と一〇〇人の日本人が到着したという記録があるので、おそらくマカオに到着したのは二〇〇人前後であったろう。[36]

この時代、日本人の奴隷取引は、あらゆる方面で禁止されていた。にもかかわらず、「モッソ・デ・セルヴィッソ（期限の有無を問わない奉公人）」たちは、イエズス会の宣教師に随行してマカオへ渡った。ポルトガル側の文献によれば、長崎奉行所はこれらの日本人の奉公人が出国するのを阻止しようとして、神父から引き離したとある。しかし、中には奉行所の監視を逃れて、乗船した者もいた。[37]

すでにその時期、諸事情により、日本人奴隷の取引はマカオの商人の収入源ではなくなっていた。当時イエズス会士たちは未だ日本人の奉公人を使用していたが、ヨーロッパやインドのイエズス会、スペイン・ポルトガルを同君統治下に置く国王フェリペ三世（在位、一五九八〜一六二一。ポルトガル国王としては、フェリペ二世）、日本の為政者たちはマカオの奴隷商人に圧力をかけ、日本人奴隷の取引をやめさせることに成功したのである。

多くの日本人がマカオに到着した事実は、現地に大きな混乱をもたらした。そのような難民の受け入れ準備はできていなかったからである。とりわけ、日本から戻った宣教師や彼らが連れてきた日本人のキリシタンが投宿したのは、マカオの聖パウロ学院であったため、学院はたちまち人で溢れかえり、とても窮屈なものになった。[38] 一六一六年の時点で、学院には一〇人の日本人学生がおり、ヨーロッパから来る聖職者に対して、日本語の教習がおこなわれていた。初学者向けの入門レベルに始まり、すでに会話を習得した者が、より流暢かつネイティブのように話せるようになるための上級レベルのものまであった。このような日本語教育は、近い将来、宣教師が日本人に扮装して密入国し、潜伏布教活動をおこなうための準備であった。

一六二五年の住民台帳

一六二五年、マカオの男性住民を対象とした人口調査が実施された[39]。マカオ出生の市民と、他の地で出生し、マカオに定着した市民が調査の対象となった。また外国人の数も調べられた。マカオ生まれの市民の大半は、ポルトガル人の父親と日本人、中国人、マレー人、朝鮮人、インド人などの母親の間に生まれた混血者たちであった。彼らはジュルバッサと呼ばれた。ジュルバッサの語源はマレー語で、本来は通訳を意味したが、マカオでは通訳はおおよそ混血者によって担われたため、この単語が別の意味で定着したと言える。

この調査では、マカオに多数いたはずの他のアジア人の人種・民族別構成は扱われず、子供や女性の実数も不明である。一六二五年の時点で、マカオにはポルトガル系またはヨーロッパ系の男性が三五八人、混血の男性は四一一人、外国人は七五人住んでいた。

居住地域別で見ると、マカオ市民を三つの地区に区分することができる。マカオ地区、サン・ロウレンソ地区、サント・アントニオ地区である。最も人口が多いマカオ地区には三二九人の男性が登録され、続いてサン・ロウレンソ地区に二九八人の男性、サント・アントニオ地区に一四二人の男性がそれぞれ登録されていた。これらを男性全体の割合で示すと、それぞれ四三パーセ

図13　1625年マカオの人口調査資料（エヴォラ公立文書館所蔵）

ント、三九パーセント、一八パーセントとなる。マカオ地区内では、混血が五五パーセント（一八二人）を占め、残りの四五パーセント（一四七人）は、ポルトガル人かその他のヨーロッパ人であった。サン・ロウレンソ地区でもほぼ同様に、四二パーセント（一二六人）はヨーロッパ人、五八パーセント（一七二人）が混血であった。サント・アントニオ地区では混血は四〇パーセント（五七人）、ヨーロッパ人は六〇パーセント（八五人）であった。

この一六二五年の資料からは、当時マカオにあったヨーロッパ人の居留社会は、徐々にその中核を、混血の子孫らが占めるようになってきた現象が明確にわかる。有名な探検家や航海者ではない、アジア各地に拡散したポルトガル人たちは、これまで歴史の中ではほとんど語られてこなかった。しかし彼らが歴史上果たした重要な役割は二つある。一つは、ポルトガル人が持っていた造船や操船、火器製造の技術などを、全アジア地域に広めたことである。二つ目は現地に定住することで、現地社会と緊密なつながりを形成し、その子供たちもまた、ヨーロッパとアジアの地域社会をつなぐ商業ネットワークを発展させた、という点である。

明朝当局によって日本人のマカオ逗留は違法とされ、厳罰の対象であったことから、マカオの日本人コミュニティに関する情報は多くはない。しかし、これまで述べてきたように、マカオには多くの日本人がおり、社会の重要な構成要素であったことがわかる。これらの日本人の一部は、船員などの季節労働者であり、マカオと長崎の間を常に往来する者たちであったことも指摘しておきたい。

II フィリピン

カガヤンとリンガエン

一六世紀中葉から一七世紀の、フィリピンに存在した日本人コミュニティに関する情報の大半は、岩生成一による先駆的かつ網羅的な研究（岩生一九八七）と、スペイン人研究者ホセ・エウゲニオ・ボラオの近年の研究（Borao 1998, 2005）に負うところが大きい。いずれも、日本とフィリピン地域間の商業と外交を研究し、一五七〇年から一六三七年まで、フィリピンにあった日本人のコミュニティの具体像を体系的に明らかにするものである。

スペイン側の文献に最初に登場する日本人の居住区はルソン島北部のカガヤンにあった。同時にそこでは、日本人とスペイン人の間で最初の衝突が起きたことが知られる。一五八二年、フィリピン総督ゴンサロ・ロンキージョ・デ・ペニャローザは、カガヤン川河口に船長ファン・パブロ・デ・カリオンを送り、軍事行動の指揮を執らせた。ファンは中国船数隻とそこにいた日本船一隻を攻撃した。さらに航海の途中、一八隻の日本のサンパン船（平底の木造船）と戦闘に及んだ。スペイン語の文献によれば、艦隊長とその息子、および二〇〇人以上の日本人が殺害されたという。ファン・デ・カリオンはその地に住み着き、日本人の追放を試みた。その時、カガヤンには六〇〇人以上の日本人が居住しており、スペイン人の入植者に対して抵抗したが、すぐに鎮圧された。

その後、一五八六年に大村からの商船一隻がこの地を訪れるまで、日本人に関する情報は見当たらない。以下ではボラオの研究に従って、初期スペイン領マニラと日本人の関係について概略を述べる（Borao 2005）。

日本人が頻繁に通商をおこなった別の地域に、リンガエンが挙げられる。日本人はそこに小さな港を作っていた。ミゲル・デ・ロアルカの報告書によると、その港はポルト・デ・ロス・ハポネセスと呼ばれた（スペイン語で「日本人の港」を意味する）。この港は一六世紀から一七世紀初頭まで栄えた。一六一八年、フィリピン総督は、皮革製品がこの地域の主要産品であり、日本人商人が毎年日本に六万から八万頭分の鹿皮を積み出していると、スペイン当局に伝えている。

マニラ在住の日本人に関する情報は、一五七〇年のマルティン・デ・ゴイティの記録に、彼がそこへ到着した時、四〇人の中国人と二〇人の日本人に出会った、と書かれている。日本人の一人はパブロという洗礼名を持つキリシタンであった。彼は聖画を見せながら、スペイン人にロザリオを求めた。マニラがフィリピン諸島の交易の中心地になると、日本人商人はカガヤンとリンガエンから徐々にマニラへ移住し始めた。一五八三年、マカオ－マニラ間に通商が始まると、日本人の多くはマカオ経由で、マニラへ到来し始めた。

マニラ当局と日本人

当初、マニラでは、スペインの植民地当局と日本人コミュニティは互いに警戒し合っていた。一五八四年、フィリピン総督はマカオから来たポルトガル商人バトロメウ・ヴァズ・ランデイロの二隻の船から軍事的支援を受け、サングレイ（在住中国人）の反乱を鎮めることができた。しかしその三年後、日本人コミュニティに対しても反乱の疑いが持たれ始めた。豊臣秀吉が「伴天連《バテレン》追放令」（一五八七年）を発布した後、一隻の日本船がマニラへ到着した。その乗組員らが反乱を教唆しているという疑惑が浮上し、船員数名が逮捕され、通訳ディオニシオ・フェルナンデスが処刑された。

一五八八年、平戸から別の日本人の商船がマニラに到着し、乗組員に商売が許された。この船がマニラを発った後、一五八九年に再度、今度はキリスト教関係者と思われる日本人の一行がやってきた。彼らが日本へ出港すると、マニラの防備が増強された。そのキリスト教関係者たちは実はスパイで、秀吉が近い将来、マニラに軍事攻撃を仕掛けるために、この地域を隅々まで偵察していたという疑いがもたれたからである。その時期、マニラの日本人コミュニティはマニラ郊外のディラオへと強制的に移され、武器は没収された。

一五九三年六月の時点で、このコミュニティには三〇〇人以上の日本人がいたことが確認される。その数には、一時的に商用で滞在していた者は含まれないので、定住者の実数であった。その数は、その後二年間で三倍以上に膨らんだ。フランシスコ・デ・ミサスの書簡には、マニラ在住の日本人は、一五九五年の時点で一〇〇〇人以上であったと記される。その急激な増加の原因は、マニラと長崎間の日本船による通商が、一五九〇年代前半に盛んになったためであると考えられる[40]。

一五九六年、フィリピン総督ドン・ペドロ・デ・アクーニャはフアン・デ・ガリナートを将軍として、カンボジアに遠征軍を派遣した。その軍には日本人傭兵が多数参加していた。マニラの日本人コミュニティがスペイン当局に軍事的な支援を提供したのはこれが初めてであり、同様のことがその後も度々おこなわれた。

同年、ガレオン船サン・フェリペ号が、マニラからアカプルコへの往路、四国沖で遭難し、土佐浦戸に漂着した。当時の海難に関する国際法では、漂着船の然るべき救助は義務であったが、日本の法令に従って、秀吉は積荷没収を命じた。またそれに関連して、フランシスコ会宣教師や日本人キリシタン、合わせて二六人が、上方から長崎へ送られ、西坂で処刑された。その報復として、スペインのマニラ総督府は日本人追放を決定し、マニラ周辺の日本人定住者数は五〇〇人にまで減少した（Borao 2005）。

一五九八年頃、この日本人コミュニティは徐々に活況を取り戻した。その年、日本人傭兵の一団が総督ルイス・ペレス・ダスマリニャス（在位、一五九三〜九六）に随行してカンボジアへ向かった。一六〇三年には、マニラで蜂起したサングレイの暴動をスペイン人が鎮圧するために、日本人が傭兵として動員された[41]。ところが、サングレイのコミュニティ同様、日本人コミュニティもまた、スペイン当局に対して不満を抱き、反乱を起こした。

最初に記録される日本人の暴動は一六〇六年のものである。そのきっかけはマニラの王立大審問院（レアル・アウディエンシア）が公布したマニラからの日本人追放令であった。反乱は教会関係者らの介入により、未遂に終わった。しかし、翌一六〇七年から〇八年にかけて、新たな反乱が発生し、コミュニティはスペイン軍による鎮圧で壊滅状態となった。

同年、ビベロ・デ・ベラスコの外交使節は徳川家康に対し、マニラへ来る日本人は商人と船員に限るよう依頼した。一六〇八年八月六日に使節一行を受け入れた家康は、フィリピンで暴動を起こす日本人はすべて処刑されることに同意した。しかし、実際には、日本人傭兵／海賊のマニラ定住を阻止するための、具体的な対策は採られなかった。

日本人コミュニティ

一六一四年一二月二一日、江戸幕府の禁教令を受けて、マニラに三三人の教会関係者と一〇〇人以上の日本人が渡った。その中には、秀吉の有力な家臣であった高山右近と内藤如安もいた。右近の没後、故国へ帰れない日本人たちは、内藤如安の指揮の下、マニラにサン・ミゲル居住地を築いた。そこには、若者たちが将来日本に帰還する可能性を配慮し、キリスト教の布教に役立つよう、セミナリオ（神学校）のような施設も建てられた。

その後日本人コミュニティは一六〇八年から一五年の間に再建され、日本人傭兵はフィリピンの駐屯部隊において、重要な地位を占めるようになっていった。一例を挙げれば、一六一五年、五〇〇人近くの日本人傭兵が、総督フアン・デ・シルバ率いる対オランダ遠征隊に加わり、マラッカ海峡へ向かった。その際、マニラに残された兵士たちは、スペイン人五〇〇人と日本人およびパンパンゴ先住民総計七〇〇名で、オランダの攻撃からマニラを守るため、海上警備にあたった。

一六一九年の時点で、日本人コミュニティの人口は約二〇〇〇人であった。翌年には、三〇〇〇人との記録がある。一六二三年一二月三一日には、さらに三〇〇〇人以上へと増加していた。

マニラ在住の日本人が急増した背景には、日本とマニラの間の通商往来が盛んになっていたことが考えられる。

日本からは朱印船だけではなく、長崎在住のヨーロッパ人がフィリピンへ来航するようになっていた。ここで「ポルトガル人」ではなく「ヨーロッパ人」という言葉を用いるのは、長崎に定住して交易に従事するヨーロッパ人は、ポルトガル人に限らなかったからである。一六一九年一一月二二日、ドン・フェルナンド・デ・フィゲイロアを船長とする船が、長崎からマニラへ入港した。その船には、ポルトガル人四名、ビスカヤ人二名、フランドル人一名、ガリシア人一名、カスティーリャ人一名、ジェノバ人一名が乗っていた。[42] 日本人に関する記述はとくに見当たらないが、日本人の乗組員も当然いたはずである。

一六二〇年五月一一日には、マニラの外港カビテ港にサント・アントニオ号が長崎から到着した。その船は、同年三月二六日に長崎を出発したが、船長は、長崎在住の有力なポルトガル人商人、マヌエル・ロドリゲス・ナヴァーロであった。そこには、一〇一人の日本人船員が乗り組んでいた。[43]

呪術を使う日本人奴隷

傭兵や船員といった職業で語られる場合、基本的に彼らは奴隷ではなく自由民である。マニラには自由民の日本人以外にも、多くの「奴隷身分」の日本人が市内に居住していたとされるが、その実態はほとんど不明である。

一六二一年三月六日、日本人で奴隷身分の二人の女性ウルスラ・ジャポーナとドミンガ・ジャポーナが「魔女」であるとして告発され、その報告がフィリピンからメキシコへ送られた[44]。ウルスラはドゥエナン・イザベル・デ・モンテネグロという女性の病気を治す依頼を受けた。ドゥエナンがウルスラに症状を詳しく説明したところ、ウルスラは、病気は呪いのせいであると診断した。そしてウルスラは、呪いの主として、モンテネグロ家の奴隷を言い当てた。

本件に関する報告書からは、ウルスラ・ジャポーナには過去を読む力があり、依頼者の手相を読みとるだけで未来が予測できると信じられていたことがわかる[45]。唯一「手相読み」があたらなかったのは、逃亡した黒人奴隷についてであった。ウルスラは、この黒人はフィリピンにいて、日本にもマラッカにも逃げていないと断言した。ウルスラはまたこの奴隷が元の主人のところへ戻ってくることを保証したが、それは実現しなかった。もう一人の日本人女性ドミンガ・ジャポーナについては、ほとんど不明である。

また別の例として、一六二二年三月一七日、外科医ファン・デ・イサソゴアラは、日本人フランシスコ・デ・ハポンを「呪術師」として告発した。フランシスコは、ファンに一種の薬草を渡し、それをファンが恋する女性に与えれば、その女性もまた彼(ファン)に惚れるだろう、と伝えた。[46] フランシスコ・デ・ハポンがフィリピンで異端審問にかけられたのか、あるいはメキシコへ送られたのかは不明である。

マニラ在住の日本人は、傭兵などを生業《なりわい》とする男性にとどまらず、女性もいた。そもそもマニラは、現地の部族や華人など、多種のエスニシティで成り立つ社会であり、混血もよく見られた。

史料から判明する日本人妻の例は、いくつかあるが、一七世紀前半の有名な事例は、マリアーナ・ナバーロであろう。この日本人女性の、日本人としての名前は不明である。マリアーナは、スペイン人官僚で、マニラの王立大審問院における重要職、検察官であったファン・ナバーロの妻であった。フィリピンのエリート社会階層に属したマリアーナはキリスト教徒として模範的な人生を送り、教会には欠かさず通っていた。ところが、一六二三年、マリアーナは修道士ミゲル・デ・サン・ファンが彼女に対し、性的暴行を加えたとして告発した。

その告発記録によれば、修道士は告解室において、彼女と夫の性的関係について質問し、その後夫妻の家に無理やり同行して、彼女に性的関係を迫った、ということである。マリアーナの一件に関する書類は、メキシコ国家文書館の異端審問記録にある。しかしながら、この事件の結末は、記録からは不明である。[47]

エリート階級にあったマリアーナが修道士を告発した件に関連して、別の女性に関する一件も明らかになった。その女性の国籍、名前は不明である。「日本人」とは記されず、「インディア」と記される。「インディア」が必ずしも、「インド人女性」や「先住民女性」を意味せず、「アジア人」全般に使われた呼称であることは、本書の冒頭に記した。しかし、マリアーナに関連した史料にあるので、その女性は日本人であった可能性が高いと考えられる。彼女はマリアーナの件に類似して、修道士ヘルナンド・デ・モラガを告発した。[48]

フィリピンと日本の断交

一六世紀末、マニラの日本人コミュニティとスペイン人支配層との関係は、比較的安定していたのに対し、一七世紀に入ると、スペイン当局とマニラ在住日本人との関係は悪化し始めた。一六一九年と一六二三年には、複数の日本人グループがマニラを離れ、スペインにとっては最大の敵であるオランダ艦隊に加わった（Iwao 1943）。

一六二四年、フィリピン総督アロンソ・ファハルド・イ・テンザ（在位、一六一八～二四）が派遣した使節を江戸幕府は拒絶した。それによって、スペイン領フィリピンと日本との関係が正式に絶たれることになる。その理由は、キリスト教宣教師がマニラから密入国してくるのを阻止するためであった。

例外として、一六三〇年、二隻の船がマニラにやってきた。これは一六二八年にアユタヤで起きた、スペイン船による高木作右衛門の朱印船焼き討ち事件に関連して、マニラの状況を偵察する（軍備などを調査して征服の可能性を探る）ためのものであったと言われる（岩生一九三四）。一隻は長崎奉行竹中采女《うねめ》が、もう一隻は島原領主松倉重政が派遣したものであった（スペイン側史料では、島津氏派遣と認識されたようである）。実際には、これらの船はマニラで商取引をおこなって帰っていった。以来、マニラ―日本間の通商は途絶え、人の往来もなくなった。稀有な事例として、一六三二年頃、一三〇人の癩病患者が日本からマニラへ送られてくるような事件があった（Iwao 1943）。

マニラの日本人コミュニティはその初期から、マニラの発展に重要な役割を果たしたと考えられる。しかし、一七世紀には、スペイン人統治者の下で、在住日本人は不満を抱くようになり、多くの衝突が生まれた。スペイン当局は、必ずしも日本人の存在に対して良い感情は持っていなかったが、日本との交易の維持には、在住日本人の力が不可欠であったし、傭兵としても有能であったために、彼らを駆逐することはできなかったのである。

Ⅲ　ゴア

ゴアの奴隷社会

ゴアの町は、一五一一年にポルトガルが統治を敷いて以来、インドにおけるポルトガルの最も重要な政治・軍事拠点かつ商業上の中心地であった。ゴアを訪れたフランス人の冒険家フランソワ・ピラール・ド・ラヴァル（一五七八～一六二三）の記録によれば、アジアのあらゆる地域からこの町に商人が到来し、そこには日本人もいたという[49]。また、同じ記録には、「居住者」として、多くの中国人と日本人がゴアにいた、とある。

ゴアの商業社会では、奴隷取引もまた重要な活動であった。ラバルはゴアの奴隷市場――ディレイタ通り（Rua Direita）

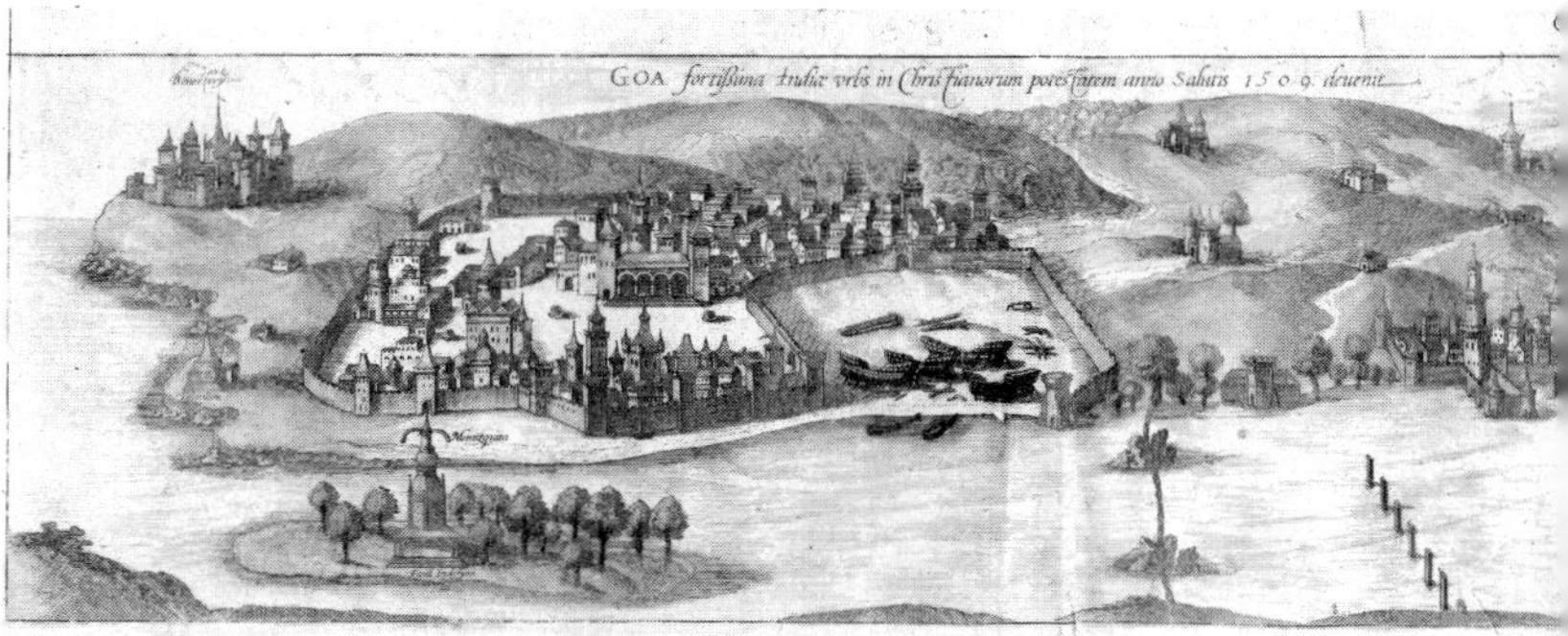

図14　16世紀のゴア。Braun; Hogenberg, *Atlas*, 1600

――の詳細を描写し、そこではアフリカ東海岸出身の奴隷（いわゆるカフル人）が主であったものの、その他のあらゆるアジア民族の奴隷を購入することができた、と記す。

ポルトガル人にとって最も価値があったのは、モザンビークのカフル人であった。ディレイタ通りには奴隷市場があり、売られているわけではない奴隷も数多く見かけられた。そのような奴隷は、「賃金奴隷（エスクラーボス・デ・ガーニョ）」と呼ばれ、手作りの商品や果物、菓子などを売って小銭を稼いでいた。彼らが得る稼ぎは主人に渡された。フランス人の冒険家ジャン・モケ（一五七五～一六一七）は、ゴアに住む奴隷の生活、とりわけ彼らにかせられた残酷な拷問について詳述している。それは彼の記憶に深く刻み込まれ、何年も経った回顧録で、「私は時々あの野蛮な行為を目にし、とても気分が悪くなった。それを思い出すだけで戦慄が走る」と述べている。[50]

ゴア在住の日本人に関する最初の情報は、一五四六年六月二日にゴア市で書かれた、商人アントニオ・ファリア・エ・

図15　リンスホーテン『東方案内記』挿絵。ゴア中心部の広場。様々な奴隷の姿が描かれる。中心にはまさに売買交渉中の若い女奴隷の姿が見られる。

ソウザの遺言状にある。そこには日本で逃亡したことがあるディオゴという名の奴隷と、ホンペウと呼ばれる中国人奴隷のことが記されている。逃亡後、ディオゴはファリアのもとに戻ったようである。ディオゴが日本人であったのか、中国人であったのかは不明であるが、ファリアはホンペウが中国人であったことを明記しているので、ディオゴは日本人であった可能性が高い。[51]

一六世紀ゴアに住んだ日本人

詳細がより確かである一六世紀中頃にゴアに滞在した日本人は、フランシスコ・ザビエルがその日本渡航を決意する契機となった鹿児島出身のアンジロー（パウロ・デ・サンタ・

フェ）とその二人の日本人従者、アントニオとジョアンであろう。彼らは日本から逃亡し、マラッカを経てゴアに一五四八年に到着、ゴアの聖パウロ学院で洗礼を受け、ポルトガル語やキリスト教の教義を学んだ。ゴアには一年間ほど滞在した後、一五四九年四月、インドから日本へ、ザビエルの供として帰還の旅に出た。それから約半世紀の間、日本からは多くの日本人がゴアへ辿り着き、そこからさらにポルトガルの商館や要塞のあるアジア・アフリカ各地へと、さらにはヨーロッパまで離散していったと考えられるが、彼らに関する個別の情報は、いまだわずかにしか得られない。

一五九二年にマカオ―日本航海のカピタン・モールであったドミンゴス・モンテイロは、義理の姉妹宛の遺言状の中で、多くの日本人奴隷をゴアに送ったと記す。[52]

またかつて日本のイエズス会の布教長で、巡察師アレッサンドロ・ヴァリニャーノとの対立を経て、ゴアで聖パウロ学院長の職にあったフランシスコ・カブラルは、一五九三年一一月一五日付、ゴア発の年次報告に、一人のポルトガル人が所有する三人の日本人奴隷が逃亡したと記す。逃亡奴隷のうち二人はイスラーム教への改宗を試みたようである。その後、彼らを捕らえようと、追手が差し向けられたが、結局ある神父の仲介により、二人はゴアに戻り、異端審問所に出頭し、自らの過ちを認めた。慣例的には死刑に値する重大な過ちを犯したにもかかわらず、自分の行動を悔い改めたこの日本人たちは許され、主人の元へ戻されたらしい。[53]

一五九七年、前出のフィレンツェ人の商人フランチェスコ・カルレッティ（一五七三〜一六三六）は、東南アジア、マカオ、日本への長い旅を経て、ゴアに辿り着いた。ヨーロッパへ戻る際には、日本人、朝鮮人、モザンビーク人の奴隷を各々一人ずつ連れて行ったが、日本人は海難に遭い、その途上で失命した。[54]

留意すべき点は、一五七〇年、ポルトガル国王ドン・セバスティアンは、ポルトガル領内における日本人の奴隷取引を禁じる法令（「セバスティアン法」）を公布したにもかかわらず、それはほとんどポルトガル領インドにおいては、遵守された形跡がないことである。

さらに、一六〇三年、スペイン国王フェリペ三世（ポルトガル国王としてはフェリペ二世）は、ゴアでの日本人奴隷禁止を定めた一五七〇年の「セバスティアン法」を再び公布した。ゴアの有

図16　ルーベンス『朝鮮服の男』
（1617年頃、ポール・ゲティ美術館所蔵）

力市民はこの法律施行に猛反発し、それを阻止しようと、一六〇三年一二月三〇日付で、自分たちの主張を国王宛に送った。[55]

その書簡の内容（要約）は次のようなものであった。

ポルトガル領インドは慢性的に兵士などの人員が不足している。ポルトガル領インドはすでに多くの日本人奴隷を抱えており、ポルトガル人兵士の数が不足している以上、彼らの存在はゴア島防衛のために不可欠である。それに加えて、日本人は有能な戦闘員であり、もし奴隷身分から解放されれば、彼らはゴア周辺にいる敵たちと内通し、反乱を起こすかもしれない。数ではポルトガル人を上回るので、ゴアは彼らの手に落ちるであろう。

この主張の根拠として、ポルトガル人一人あたりに、平均して五、六人の日本人奴隷（傭兵）がいることが挙げられている。この文書からは、ゴアの日本人はその数において、ポルトガル人を上回っていたことがわかる。しかし、この情報が、日本人奴隷を禁じる「セバスティアン法」の再施行を阻止する目的で、意図的に誇張されたものである可能性もある。

一六〇五年、ゴア市議会はフェリペ三世宛に二通目の書簡を書き送った。

火縄銃や槍を抱えた七、八人の奴隷を従えて、戦場へ向かうポルトガル人のカザード（現地

図17　ルーベンス『聖フランシスコ・ザビエルの奇蹟』(1617年頃)。ウィーン美術史美術館所蔵。ザビエルによる世界宣教を表現したもの。諸民族の中に、朝鮮服の男も描かれる。

図18　ブラジルにおいて虐待される黒人奴隷。19世紀のフランス人画家ジャン＝バプティスト・トゥブンがブラジルを描いた画集 *Voyage pittoresque et historique au Brésil* より。

で結婚しているポルトガル人のゴア市民）がよく見られる。というのも、ポルトガル領インドで火器の扱いに長けているのは、これらの奴隷たちしかいなかったからである。[56]

つまりアジア人の傭兵や奴隷は、ポルトガル領インドの軍事的維持には、不可欠な存在であったのである。

日本人奴隷の虐待と廃止

国王、ゴア市議会代表、そしてイエズス会をも巻き込んで論争が繰り広げられ、結果一六〇七年にその事態は収束した。同年一月一八日そして二七日の日付で、国王フェリペ三世はインド副王に対し、すでに一六〇五年三月六日付でインド副王へ宛てた書簡でおこなった指示に従い、ゴア市内における日本人の奴隷を禁じる法律を公布することを命じた。[57] その書簡において、奴隷が合法であった期間に入手された奴隷に関しては、その身分は継続するが、上記の日付以降に獲得された日本人奴隷を所有することは違法であるとされた。

かくして、一六〇七年、ポルトガル領インドにおける日本人の奴隷化は禁じられることになった。それは虐待を受ける日本人の惨状が考慮された結果でもあった。しかしながら、その禁令以降も、日本人に対する虐待は後を絶たなかった。禁令が存在するとはいっても、それ以前に契約された奴隷には、何の意味も持たなかったし、「召使い」といった曖昧な形での「奴隷取引」は継続されたからである。インド副王当局は、積極的には違反者の取り締まりに乗り出すことはなかった。

先述のフランス人の冒険家ジャン・モケは、一六一〇年ゴアに滞在した頃の、一人の日本人女性に関する出来事を記している。ゴアに滞在中のモケに、とあるポルトガル人が次のように話した。購入して間もない日本人の女性奴隷の歯が白いことを、彼が褒めたところ、彼の留守中に、妻がその奴隷を呼び出し、召使いにその歯を砕くよう命じたのだった。その後、夫がこの奴隷を妾にしているのではないかと疑った妻は、熱した鉄棒を彼女の陰部に押しつけるよう命じ、その結果その女奴隷は死んでしまった、という。[58] この無残な事件の顛末は、奴隷を虐待し、殺害した所有者の家族には、何の刑罰も与えられなかった事実を示しており、このような虐待は日常的なものであったことが、モケの記録からも判明する。

第二章　スペイン領中南米地域

I　メキシコ

ガレオン・デ・マニラ

一五六五年、ガレオン・デ・マニラ（別名、ナオ・デ・チーナ。「中国からの船」を意味する）が結ぶ、マニラ―アカプルコ間の航路が開通した。日本人は他のアジア人、とりわけフィリピン人と比べると、やや遅れてアメリカ大陸へやってきた。後述のように、一五八〇年代にはメキシコに日本人がいたと思われるが、アカプルコ港に上陸するアジアの自由民と奴隷が体系的に記録され始めたのは、王室国庫金庫（カハ・デ・レアル・アシエンダ、通称カハ・デ・アカプルコ）が設立された一五九〇年以降のことであったから、それ以前の記録を辿るのは容易ではない。

一五九三年、スペイン国王はガレオン貿易の航海と環太平洋の商取引は、個人のものではなく、スペイン王国に属するものであると定めた。[1] それと同時に、その航路は、艦隊長（カピタン）と海軍大将(アルミランテ)がそれぞれ指揮する二隻のガレオン船、カピターナとアルミランタが就航するものとなった。往々にして、これらのガレオン船は、オランダやイギリスの艦隊の攻撃を受けたので、この二隻のガレオン船だけでは航海の安全を確保するのは難しく、「コンボイ・デ・ロス・ガレオネス」(ガレオン船の傭兵団)と呼ばれる護衛艦隊が編成されることになった。

ガレオン船は最終目的地アカプルコ到着前に、しばしばチアメトラ、ナビダッド、コルマといった港に寄港することが多かった。これらの寄港はガレオン船の補給のためであり、ヌエバ・エスパーニャの副王政府に対し、船が間もなくアカプルコに到着するのを知らせるのに使われた。[2]

一五八四年、イスミキルパンの鉱山主の一人であったアロンソ・デ・オニャーテからフィリピンのマニラ総督府に興味深い依頼が届いた。それは三〇〇〇から四〇〇〇のアフリカ人、中国人、日本人、ジャワ人の奴隷を入手したいというものだった。アジア人奴隷は家事労働に最適な人々であると信じられていたので、地元のエリートの家庭で働かせようとしたと考えられる。[3]一方、全般的に、アフリカ系黒人奴隷はメキシコの鉱山で重労働を担わされた。結局、オニャーテの願いはマニラ当局に受け入れられなかったものの、その史料から、フィリピン経由で、アメリカ大陸の鉱山地帯へ、中国人、日本人、ジャワ人、アフリカ人などが運ばれるルートがあったことが確認できる。

一五八七年、マニラ発アカプルコ行きの積載量六〇〇トンのガレオン船、サンタ・アナ号がカリフォルニアの海岸で、イギリスの探検家トーマス・キャベンディッシュ率いるデザイアー号に襲われた際、サンタ・アナ号の乗組員であった二人の日本人が捕らえられた。彼らの名前は、クリストバン（二〇歳）とコスメ（一七歳）で、兄弟であった。出身地や日本名はわからない。

彼らはその後、キャベンディッシュの配下の船員となり、太平洋を渡って、東南アジアの港を探検し、インド洋経由で、喜望峰を回ってヨーロッパへ辿り着いた。その後、しばらくイギリス国内に滞在した後、一五九一年、二度目のキャベンディッシュの遠征にも参加したが、その遠征は、南米海域でのポルトガル人との戦闘、嵐による遭難などに見舞われ、船員のほとんどが死亡したと言われているから、その二人もその航海中に死亡したものと思われる。この二人に関して言えることは、捕らえられた後に、デザイアー号がカリフォルニア沿岸に寄港した際に、アメリカ大陸へ上陸したかもしれないが、その事実は確認できないということである。[4]

メキシコ在住の日本人

管見の限り、実際にメキシコに居住していた日本人に関する、はっきりとした記録で最も早い時期のものは、前出のトメ・バルデスという人物に関する記録である。トメに関しては、メキシコへ至るまでの詳細が比較的よくわかっている。繰り返しになるが、トメは一五七七年に長崎に生まれた。そして、奴隷として長崎在住のポルトガル人フランシスコ・ロドリゲス・ピントに売られた。このポルトガル人商人は一六世紀に長崎へ到着し、一七世紀初頭の長崎に関する史料にも名前が見られる。

トメの主人フランシスコ・ロドリゲス・ピントは、改宗キリスト教徒、すなわち元ユダヤ教徒であった。そのため、ペレス一家と関わりがあり、その異端審問関係史料に、彼らの証言も含まれていることは、序章で述べたとおりである。

ピントは、その後トメを長崎で転売し、おそらくマニラへ連れて行かれたトメは、スペイン人のアントニオ・アルソラの所有となった。アルソラは一五九六年、マニラ・ガレオンのうち一隻の船長として、アカプルコへ渡航した。トメもまた、それに同行し、その後メキシコシティに居住していたことが判明している。[5] 前述のとおり、一五九七年には三人の日本人、ガスパール・フェルナンデス、ミゲル・ジェロニモ、ヴェントゥーラがメキシコに到着した。

別の事例としては、一六〇四年、メキシコ大司教に宛てられた結婚許可願いに関する史料から判明するものがある。その年、ミン、という名の日本人奴隷が、おそらくゴア出身（ポルトガルのインド人と記される）の奴隷、ウルスラとの結婚を願い出た。その申請結果等については、不明である。[6]

また他の事例には、一七世紀初頭（正確な年月日は不明）、洗礼名カタリーナ・バスチードスという名の日本人女性がメキシコシティに到着し、その後、ポルトガル人商人フランシスコ・レイタンと結婚した。彼女は結婚を機に、自由民となった。しかしアジア人であり、元奴隷であることで、隣人からひどい差別的扱いを受けた。カタリーナは自身を守るため、自分は元奴隷ではあるが、生まれた時は自由民であったので、人々が自分を差別するのは不当であるとして、裁判所に訴えたのであった。[7]

一七世紀初頭の、別の興味深い事例として、ドミンゴ・ロペス・ハポンを挙げたい。ドミンゴ・ロペス・ハポンがいつアメリカ大陸にやってきたのか、その正確な時期はわからないが、彼はメキシコに住み、ドミニコ会修道士ペドロ・エルナンデスに仕えていた。ペドロ・エルナンデスは、この奴隷の使用に関し、ヌエバ・エスパーニャ副王からの許可を得ていた。しかし、この許可証の内容、つまり、ドミンゴ・ロペス・ハポンが終身奴隷であったのか、期限付きの契約で雇われたのかは不明である。

一六〇七年一〇月一七日付で、セビーリャ市に提出された同修道士からの請願書には、ドミンゴ・ロペス・ハポンが拘留中、とある。詳細はわからないが、場所はセビーリャのインド商務院であったと思われる。[8] 拘留された理由は定かではないものの、二つの可能性が考えられる。一つにはこの日本人が、有効な許可証を得ずにアメリカ大陸からスペインへ渡ったことである。二つ目には、スペイン国王が承認した、日本人の奴隷輸出に関する法的な取り締まりと直接関係している可能性が高いと思われる。インド商務院に提出された請願書からは、修道士がドミンゴ・ロペスの解放と副王が承認した許可証の返却を求めていることがわかる。

結果として、ドミンゴ・ロペス・ハポンは解放された。もし拘留されなければ、彼の存在に関する記録は残らなかったであろう。その後、一六一二年六月四日付で、国王フェリペ三世は、ペドロ・エルナンデスにフィリピン渡航に関する特別許可を与えた。ドミンゴ・ロペス・ハポンはフィリピンから先、日本まで戻ろうとしていたようである。[9] この史料の実物には、最初のページにドミンゴ・ロペスの署名も記されている。[10]

日本からメキシコへの渡航者

上述のような事例は、たまたま、なにか特別の事情があって、氏名や出身が記録に残る人々であり、それ以外にも、多くの日本人がアメリカ大陸へ渡航したと考えられる。そして彼らの大半が、日本からフィリピンを経由して、新大陸へと渡った人々であった。スペイン語の文献からは、名前や詳細はわからないが、一七世紀初頭に日本からメキシコへ直接渡った日本人に関する事実がいくらか明らかになる。

一六〇九年フィリピンの元総督ドン・ロドリゴ・デ・ビベロ・イ・ベラスコがメキシコへ戻る際、太平洋沖で座礁し、ガレオン船サン・フランシスコ号が房総の御宿《おんじゅく》に漂着した。ドン・ロドリゴは、同地の領主本多忠朝《ただとも》から歓待を受け、駿府にいた徳川家康にも紹介された。家康は家臣のイギリス人三浦按針《あんじん》に船を建造させ、これにドン・ロドリゴ他船員を乗せてメキシコへと送った。

一六一〇年八月、サン・ブエナベントゥーラ号と名付けられたその船は、アメリカ大陸へ向けて出航したが、そこには船長田中勝介はじめ二三人の日本人が乗船していた。この時メキシコへ向かった日本人に関しては、ナワ族出身のメキシコ年代記家ドミンゴ・チマルパインが詳述している。チマルパインは、二三人の日本人のうち一七人が、ドン・ロドリゴ救援に対する返礼の使節として、国王フェリペ三世が送ったセバスティアン・ビスカイノらと共に、メキシコからガレオン船に乗って日本へ帰った、と記している。チマルパインはまた、三人の日本人がメキシコに残留したとも記す。[11] 他の三人は死亡したのかもしれない。

ビスカイノ使節と慶長遣欧使節

返礼使節として送られたセバスティアン・ビスカイノには、日本とスペインの友好親善の名目で徳川秀忠に謁見し、ドン・ロドリゴが家康から借りた四〇〇〇ペソを返済するという目的の他に、日本近海にあると言われる金銀島を探検・発見し、また金銀豊かな島である日本列島の地図を作成するという目的があった。

一六一一年三月、ビスカイノはアカプルコを出発し、二カ月半かけて浦賀港に到着、日本国内に二年間滞在した。そして、一六一三年一〇月二八日、セバスティアン・ビスカイノ、フランシスコ会士ルイス・ソテロ、そして約一八〇人の日本人らはサン・フアン・バウチスタ号に乗り、アカプルコへ向けて出港した。この航海は、慶長遣欧使節として知られる。日本の使節団長は伊達政宗の家臣支倉《はせくら》六右衛門常長《つねなが》であった。

一六一四年一月二五日、船はアカプルコに到着し、一行はすぐにメキシコシティへ向かった。アカプルコにはおよそ八〇人の日本人が滞在し、支倉の帰りを待つことにした。一六一四年三月二四日、使節団は正式にメキシコシティにおいて副王以下、スペイン当局に謁見した。同時に、日本において教会が破壊され始め、殉教者が出ているという知らせが、メキシコシティへ届いた。カトリックへの忠誠心を示すため、多くの日本人がサン・フランシスコ教会で受洗した。支倉常長は二、三〇人の日本人随行員と、修道士ルイス・ソテロと共にスペインへ向けて出発した。およそ一二〇人以上の日本人がメキシコに残留し、費用負担軽減のため、翌年日本へ戻された[12]。

スペイン、フランス、イタリアを回った一行の中には帰国せずに、セビーリャ近くの町、コリア・デル・リオにそのまま滞在し続けた者もいた。一六一六年、一行はスペインの港、サンルーカル・デ・バラメーダを出発し、メキシコに一六一七年に帰還した。その時メキシコに残った日本人一行については何も情報が得られない。アカプルコに残っていた日本人の多くは、マニラを経由し、ガレオン船で日本へ戻った。残った者のうちの少数は現地で結婚し、子をもうけ、港近くに住み、残りはヌエバ・エスパーニャ内地へと向かった。彼らの大半の行方は不明だが、後述するような例外もある。約二年後、一六一八年六月二〇日、支倉使節はようやくマニラへ辿り着いた。しかしながら、日本での禁教政策の詳細な情報がマニラに伝わっており、しばらく滞留を余儀なくされ、一六二〇年九月二二日に長崎に辿り着いた。

さて、支倉使節の興味深いところは、一八〇人の日本人が仙台藩月の浦を出航したと言うのに、随行員が続々と減少したことにある。多くが航海中あるいは異郷で病没した可能性が高いが、スペインに残留した者（第三章で詳述）、メキシコに残留した者も相当あった。メキシコに残留した者のうち、詳細が判明する者も若干いる。

グアダラハラの福地蔵人

まず、メキシコ中央部のグアダラハラに暮らした日本人福地蔵人の話は、日本でもすでに紹介されている（大泉二〇〇二）。

グアダラハラはヌエバ・エスパーニャにおいて、メキシコシティ、アカプルコに次ぐ重要都市であった。そこには、一六二四年から一六四二年にかけて、小さな日本人のコミュニティがあったことがわかっている。そのうちの数人は地元でもよく知られていた。

福地蔵人、スペイン名ルイス・デ・エンシオに関する記録の最初のものは、おそらく一六二四年二月付のアワカトラン（現在メキシコ南東部ナヤリット州）にいる日本人の洗礼記録（一六二〇年に洗礼を受けた）であろう。[13] そこには名前は明言されない。

ルイス・デ・エンシオは、一五九五年生まれ、出身地は仙台藩の福地村（現在石巻市福地）と推定される。慶長遣欧使節に関する史料では、彼の名前を確認することはできないが、おそらくその随行員としてメキシコへ到着し、他の日本人と共に、メキシコへ残ることになったと思われる。

メキシコの史料で、彼に関するものからは、彼が「ブホネロ（buhonero）」と呼ばれていたことが判明する。ブホネロとは、「行商人」を意味する、とくにメキシコで使われるスペイン語である。興味深いことに、これは後述する他の日本人ドン・ディエゴ・バエズとドン・ディエゴ・デ・ラ・クルスの職業とも一致する。アワカトランで、ルイス・エンシオは現地のインディオ女性カタリーナ・デ・シルバと結婚し、二人の間には、一人娘マルガリータ・デ・エンシオが生まれた。[14]

数年後、一家はグアダラハラに移住した。そして、一六三四年にフランシスコ・レイノーゾとの共同経営により、自分の最初の店を開いた。一六四七年にはフランシスコ・デ・カスティーリャ・チーノ（前述のように、当時は日本人もチーノと呼ばれることがあった）と共に店を開いた。その地で、ルイス・エンシオは日本人、ファン・デ・パエズに出会った。

ファン・デ・パエズは一六〇八年に大坂で生まれ、わずか一〇歳の一六一八年、アメリカ大陸へやってきた（おそらく奴隷か奉公人として売られたのであろう）。この人物がいつからグアダラハラに住み始めたのか正確な年はわからないが、一六三五年から一六三六年の間にルイス・デ・エンシオの娘マルガリータと結婚し、ルイス・デ・エンシオの婿となったことが知られている。

また支倉使節の随行員の他の事例として、ドン・トマス・フェリペ・ハポン（日本名、滝野嘉兵衛）に関するものがある。支倉常長の護衛隊長であったドン・トマス・フェリペはスペイン国王フェリペ三世の宮廷で洗礼を受け、スペインに留まる決心をしたが、一六二三年にはメキシコへ向かった。それ以降、彼の足取りは途絶えている。

メキシコ社会に散在する日本人

メキシコに渡航した日本人に関する他の情報としては、修道士ディエゴ・デ・サンタ・カタリーナに関するものがある。この修道士は、一六一五年にアカプルコから日本へ向けて出発した。日本に到着後、ヌエバ・エスパーニャへ戻る予定であったが、その際、日本人を乗船させてはならないと予め禁じられていた。であるにもかかわらず、数名の日本人商人が隠れて船に乗り込み、新大陸へ渡ってしまった。この人々のそれから先の運命については何も情報がない。[15]

年代は不明だが、日本人の自由民ルイス・デ・ラ・クルスは、メキシコの王立大審問院に対し、自分の商売で、商品の輸出入をおこなう許可を求めている。[16] また日付は不明だが、ドン・ディエゴ・バエズとドン・ディエゴ・デ・ラ・クルスという二人の日本人が、メキシコ市の書記官に対し、（近距離の）航海をおこなう許可を求めている。二人とも「ブホネロ（行商人）」の職にあり、共同事業者であった。[17] 他にも数件、一七世紀の初頭のメキシコの史料に現れる日本人を挙げてみよう。

まず、日本人フアン・アントニオ・ハポンに関するものがある。彼は一六二四年二月三日付で、メキシコの王立大審問院の聴訴官（オイドール）を手伝った報酬として、五〇〇〇ドゥカドを国王から受け取ることになった。[18] 同一人物であるかは不明であるが、同じフアン・アントンという名の日本人に関する記録が、一六三一年頃のものとしてある。彼はもともと、ドン・フアン・ビスカイノという名の黒人の奴隷であったが、一〇〇ペソの支払いを条件に解放された。[19]

他には、一六四四年、グアナフアトのサルバティエラ侯爵（ガブリエル・ロペス・デ・ペラルタ）が、フランシスコ・デ・カルデナスという日本人に、グアトゥルコ港（現在のオアハカ）における火縄銃の使用許可を与えた記録がある。この許可は、敵との戦いに参戦したことへの謝礼として与えられたものであった。[20]

以上から、一六世紀半ば以降、メキシコには確かに日本人がいたことが判明する。彼らの身分は一様ではなく、奴隷、商人など様々な階層があった。とはいえ、実際には、多くの日本人がポルトガルとスペインの商業ネットワークの中で奴隷としてアメリカ大陸へ運ばれたと考えるのが、自然であろう。彼らはもともと非キリスト教徒であったろうが、運ばれる道中にキリスト教に改宗し、日本人名は捨てられ、ポルトガル人やスペイン人のような名前に変わってしまったので、歴史資料から彼らの出身や来歴、生活の詳細を描き出すのは、ほぼ不可能である。部分的に、日本人という属性が示されることがあるので、彼らがメキシコ社会の形成初期に存在したことは確認できるが、史料に一瞬登場する彼らの生涯を継続的に観察するのは、きわめて困難な作業であると言わざるをえない。

II ペルー

リマの住民台帳

日本人がどのようなルートでペルーに辿り着いたのかは明白ではないが、可能性として二つの航路が考えられる。一つは大西洋経由、つまりゴアを経てリスボン、そしてそこからブラジルへと渡る航路であり、もう一つは太平洋経由、つまり長崎からマカオあるいはマニラを経て、さらにアカプルコへと至る航路である。一七世紀初頭のペルーに在住した日本人は、おそらく複数の種類の航路を経てこの地へ到着したのであろう。

すでに南米の歴史研究ではよく知られた史料であるが、書記官ドン・ミゲル・デ・コントレラスがおこなった人口調査からは、一六〇七年から一六一三年の期間、リマ市に二〇人の日本人が在住し、生活を営んでいたことがわかっている。[21]

同人口調査で判明するのは、インディオと呼ばれる人が、総計一九一七人いたという事実である。その内訳には、アメリカ大陸先住民の「インディオ」の他に、一一四人の「オリエント」出身の「インディオ」が含まれていた。それは、彼らが「インディアス・オリエンタレス」、すなわち東インドからやってきたことを意味している。当時、「インディアス・オリエンタレス」は、アジア全般を指した。その地域に商業ルートを確立していたのは、スペインではなく、ポルトガルであったから、彼らは何らかのポルトガルの通商ルートを経て、南米大陸に到着した可能性が高い。一一四人という人数は、当時のリマ市全体の人口の約六パーセントに相当する。その一一四人はさらに次の三つのカテゴリー「ポルトガルのインディオ」、「中国のインディオ」、「日本のインディオ」に分類される。

「ポルトガルのインディオ」とは、ポルトガルが支配したアジア地域、とりわけゴアから来た人々である。ゴアはポルトガル人の奴隷貿易の主要な拠点であり、積み出し港であった。このカテゴリーに分類されるのは、総計五六名である。「中国のインディオ」に関しては、彼らが取引されるのは、マニラ、マカオ、マラッカであり、総計三八名いた。少数派であるものの、「日本のインディオ」は、ほとんどが長崎から積み出されたと考えられ、その総計は二〇人であった。

これらの日本人の詳細を語る前に、この史料で使用される用語の問題について触れておきたい。この人口調査の史料では、スペインが支配した他のアメリカ大陸諸地域とは異なる用語の使用が見られる。たとえば、当時スペイン人がヨーロッパに限らず、ヌエバ・エスパーニャにいたアジア人に使った一般的な名称はチーナ（中国人）であった。一方、ポルトガル本国では、アジア人を意味するものとして、インディオ（東西インドの先住民）という名称が使われた。リマの人口調査では、「アジア人」に対するヌエバ・エスパーニャ風の呼び方とポルトガル風の呼び方が混在している。そこからは、アメリカ大陸までこうした人々を運んだ商人や航路が、ポルトガルに帰属するものであり、そのためにリマの「アジア人」に対する呼称が、融合したものになったと想像できる。

リマの日本人の詳細

ひだ襟職人の男

リマの人口調査のうち、最初に登場する日本人は、ディエゴ・デル・プラド、二四歳、リマ市在住歴三年（一六一〇年以降）である。独身、子供なし、財産／不動産は所有せず、職業は、ひだ襟職人とある。彼はリマ政府の書記官の家と同じ通りで働いていたが、彼には、同じ仕事に従事する、名前不詳の別の日本人の同僚がいた。その日本人は一八歳で独身、調査時にはリマ市を不在にしていた。ディエゴ・デル・プラドも彼の同僚も、所有者に関する言及が見当たらないので、自由民であったと考えられる。だからといって彼らが最初からそうであった（つまりもともと奴隷ではなかった）とは言い切れない。

妻を身請けしたハポン

三人目の日本人は、名前をハポンと言った。二六歳で、マンガサッテ（Mangaçate：ナガサキが訛ったのであろうか）出身。彼は、当時のペルー副王、ファン・デ・メンドンサ・エ・ルナ（通称モンテスクラーロス侯爵）と同時期にリマに到着した、と記されている。メンドンサのペルー副王在任期間が、一六〇七年一二月二一日から一六一五年一二月一八日までであることを考えると、ハポンは一六〇七年か翌年あたりにリマ市に到着したのであろうか。ディエゴ・デル・プラドとその同僚同様、ハポンもまたひだ襟職人であった。しかし彼に関して特筆すべきことは、ハポンが職人にとどまらず、自身の店舗を経営していたことである。店はサン・アグスティン通り、まさにサン・アグスティン教会の隣にあった。

ハポンは二四歳のアンドレア・アナと結婚した。彼女はポルトガルのインド、実際には現在のインドネシアのマカッサル出身という詳細まで記される。一六〇三年からリマ市に住んでいたが、彼女を奴隷の身から身請けしたのは、ハポンであった。その史料からは、解放にかかった費用と、元の所有者の名前が判明する。所有者はペドロ・テノリーア、アンドレアの身請け価格は三〇〇ペソだった。この日本人青年ハポンが、二六歳で妻を身請けして家庭を築くほどに、十分な経済力を持っていたのは驚くべきことである。一六一三年当時、ハポンとアンドレア・アナは結婚したばかりで、まだ子供はいなかった。[22]

スペイン人の父と日本人の母を持つ男

日本人の母を持つ混血児もいた。名前は不詳、独身で、ポルトガル領インド出身と記されるが、一五九八年、マカオ生まれであることが判明している。母は日本人女性フランシスカ・モンテラ、父の名はパブロ・フェルナンデス、スペイン人であった。一六一三年の時点では、メキシコからリマに移り住んで間もなかったという。ファン・デ・ラ・フエンテの家に居候し、スペイン人ルイ・ディアス・デ・メディーナに仕えていた。[23]

ゴア出身の日本人

ドン・ジョゼッペ・デ・リヴェラが所有する奴隷の夫婦は、いささか特異な例である。その夫の名はトマス、二八歳(一五八五年生まれ)で、妻の名はマルタ。双方共に日本人であると明記されるが、彼らがインドのゴア出身とされるのはどういった事情からであろうか。

「彼はゴアの町の出身で、属性は日本人、トマスという名で、その頬には烙印が押されている。ポルトガル領インド出身の、マルタという名の日本人で、属性はゴア人のインディアと結婚している」[24]。この属性と人種の複雑さは、容易には理解し難いが、要するに二人共ゴア出身で、両親のどちらかが日本人であったと考えられる。この属性に関する用語の問題は、本書の冒頭に述べた。

ゴアに居住する日本人は相当数に上った。そのため、一六世紀末に、ポルトガル国王命令として、日本人を奴隷身分から解放することが言い渡されたにもかかわらず、ゴア市議会は、それに従わなかった。彼らが集団で反乱を起こす可能性があったためである。

烙印を持つ日本人奴隷のトマスと妻マルタの間には、七歳の息子がいたことがわかっている。ジョゼッペという名のその子供もまた、奴隷であった。彼らがいつ頃からリマに住んでいたかは不明であるが、おそらくジョゼッペはリマで生まれたのだろう[25]。

奴隷の烙印

右の記述では、トマスの頬に「烙印が押されている」とある。史料からは、それがどのようなものであったかの詳細は不明である。この種の烙印は、たとえ将来自由の身となったとしても、永久にその者の出自を公に示し続ける。烙印された奴隷はポルトガル人がリマに連れてきた者に多く見られた。たとえば、リスボンからやってきたポルトガル領インド出身の女性エレナは、頬と顎に焼き印を押されていた。マラカ出身の二人アンドレスとパブロ・エルナンデスは頬に、ベグー出身のフランシスカ・ケサも頬に、ベンガル出身のスザナは顎に、マカオ出身のバルタザール・エルナンデスは頬に、その他多くのポルトガル領インド出身と明記される奴隷の頬に、烙印が押されていた。バルタザール・ロルカというポルトガル領インド出身の奴隷は、一二歳で烙印を押されたと証言した。[26]

熱した烙印を押すことには二つの目的があった。一つは、より単純な理由であるが、逃亡奴隷への罰としてであった。こうすることで、その人物が奴隷であることを誰もが認識できた。たとえば一七世紀のブラジルでは、逃亡した奴隷は「フジャン（fujão）」（逃亡者）として、肩甲骨のあたりに「F」の烙印が押された。Fは「フジャン」の頭文字であると同時に、ローマ時代から使われる逃亡奴隷に対する代表的な焼き印であった。そのような慣習はポルトガル本国でも見られた。

一五八八年九月一七日、ペドロという名の混血奴隷が、ポルトガル南部のタヴィーラで「逃亡者」として捕らえられたが、その両頬にはすでに烙印が押されていた。[27] つまり、それは彼にとって最初の逃亡ではなかったことを意味する。

二つ目の目的は所有者を明確にすることであった。それは、奴隷商人や王国の代理人が使う方法で、通常、奴隷が積み出し港を発つ際に押された。この行為は、一人の人間を商品に変えてしまうという点で、非常に象徴的である。その時点で、人間がプロパティ（財産）となる。同時にその行為により、奴隷は人間以下で、動物と同等の生き物と見なされることになった。焼き鏝《ごて》で印を付ける方法は、古代から現在に至るまで、家畜に対して採られる方法だからである。

ポルトガルの主要な奴隷取引地でも、この烙印方法はよく見られた。たとえば、アメリカ大陸向けアフリカ人奴隷の輸出拠点であったサントメ島商館の「商務員規則」には、一五三二年、ポルトガル国王ジョアン三世が、アフリカ大陸から運ばれてくる奴隷の体に、焼き鏝で烙印を押すよう命令したことが、次のようにある。

法令。現時点より、サントメ島へ回送される予の奴隷たちに関し、他の奴隷に混ざったり、間違われたりすることのないよう、獲得されたあらゆる奴隷の右腕下部にGuiné（ギネ）という烙印を押すこと〔中略〕。印章は金庫に保管し、その鍵の一本は商館長が、もう一本は書記官が管理すること。そしてその印章は、必要な時に商館長の立ち会いのもと、金庫から取り出されること。[28]

史料には記録として残りにくいが、この慣行はゴアでもよくおこなわれていたようである。一例では、ポルトガル国王ドン・ジョアン三世名義の象の世話係であったインド人の奴隷は、両頬に十字架の印が押されていたという。[29] またゴアでは、奴隷が熱せられた鉄で罰として殴打される習慣があった。その結果、奴隷は死亡するか、生涯、障害を背負う身となった。[30] ポルトガル貴族が所有する奴隷たちも、多くが顔に烙印を押されていた。国王ジョアン三世の弟で王位継承権第一位であったドン・ルイスが所有する白人奴隷には、主人の名前が顔に刻まれていた。[31] そのドン・ルイスの私生児、ドン・アントニオ（プリオール・ド・クラト、スペインのフェリペ二世とポルトガル王位を争い敗北）の奴隷アントニオの頬にも所有者の名が烙印されていた。[32]

別の事例では、奴隷の購入契約書に、奴隷に対する焼き印が指示されていることもあった。あるポルトガル人の未亡人は、一五七四年、ペドロ・ヌーネスという商人に対し、一三、四歳のアフリカ人女子の奴隷を注文した。その際奴隷の右肩甲骨のあたりに焼き印を押すよう指示した。[33]

アンゴラ—ブラジル間の奴隷売買に携わる商人ガスパール・オーメン、マヌエル・オーメンの兄弟は、一五九四年、奴隷にMとOの頭文字の印を焼き付けた。[34] 奴隷商人フランシスコ・デ・ラ・カレーラとベルナルディーノ・デ・セヴァーリョは、ディオゴ・デ・ラ・カレーラの名義で、アンゴラからカルタヘナ・デ・インディアス（コロンビア）まで奴隷を運び、それぞれの名前の烙印を押した。[35]

日本人奴隷の属性

住民台帳に記載されている残りの日本人は、調査官が訪ねた際、主人の家にいなかった。そのため詳細はほとんど不明である。ドナ・アナ・メシアというスペイン人の女性の家には、二人の日本人女性、イザベルとマダレナがいたことがわかっている。また他にも、エンカルナシオン通りにあるディエゴ・デ・アヤラの家には、アントニアという名の日本人女性が仕えていたとの記載がある。[36]

他の日本人については、詳細が不明であるものの、日本人全体に関して、おおまかな属性についての記述があるので、それを挙げてみる。日本人は総計二〇名、うち男性は総計九名で、既婚者四名、独身四名、未成年が一人であった。対して女性は総計一一名で、既婚者四名、独身者七名であった。単純に数字だけ見れば、独身の女性が最も多い。これは彼女たちがかなり若年であったことを意味するのかもしれない。

III　アルゼンチン

フランシスコ・ハポン

アルゼンチンにいた日本人に関する最初の記述は、コルドバ市にある。当時コルドバは奴隷取引の中心地であった。とりわけアフリカ人の奴隷が多く取引され、彼らはボリビアのポトシ銀山へ労働者として送られた。コルドバ市に居住した奴隷に関する記録は、カルロス・センパット・アサドゥリアンの研究に詳しい[37]。

その日本人の名を、フランシスコ・ハポンと言う。フランシスコの最初の主人は、アントニオ・ロドリゲス・デ・アベガと言った。アベガがいつ、どこで、どのようにしてフランシスコを手に入れたかはわからない。奴隷貿易商であったアベガは、フランシスコをポルトガル人ディエゴ・ロペス・デ・リスボアに売った。ディエゴはコルドバ在住の、コンベルソのポルトガル人で、奴隷商人であった。[38]

一五九六年七月一六日、商人ディエゴ・ロペス・デ・リスボアはフランシスコを神父ミゲル・ジェロニモ・デ・ポラスに売った。その記録には、「フランシスコ・ハポンという名の日本出身の日本人奴隷であり、外見から二〇歳前後と思われる」[39]とある。ここから考えれば、フランシスコは一五七五年頃に日本で生まれたことになる。他の多くの日本人が辿った航路と同様、出発したのは長崎港であっただろう。しかし、どの経路でアメリカ大陸へ到着したのかは不明である。

商人リスボアが神父ミゲル・ジェロニモ・デ・ポラスへフランシスコを売却した際の売値は八〇〇レアルであった。[40] その文献には、この日本人がある戦争の最中に捕獲され、奴隷となったことが記されている。その戦争は、ヨーロッパの基準からすれば、正義の戦（ブエナ・ゲーラ）であり、正しい戦で捕らえられた奴隷が、召使いや奴隷として売られるのは合法的なことであった。[41]

当時、カトリック教会は、ある種の原則に従って奴隷の使用を合法と見なしていた。その合法理由の一つが、正戦（iustitia belli / guerra justa）と非正戦（guerra injusta）の区別に基づくものであった。その定義は、権力者によって都合よく解釈されたが、前提として、「正戦」で捕虜となった者は、フランシスコの契約書に記されるとおり、奴隷の身分として扱うことが許されていた。とりわけ、キリスト教世界の拡大のためにおこなわれた戦争の場合は、捕虜の奴隷化が容認されていた。

一六世紀、スペイン、ポルトガルの海外進出、とりわけアメリカ大陸におけるインディオに対する侵略、虐殺行為を「キリスト教の拡大」のために、「正戦」と定義しようとする動きと、それに反発する動きがあった。十字軍運動に始まるようなヨーロッパ世界の神学に基づく法的理解を、これまでヨーロッパやキリスト教とは無縁であった新世界に持ち込もうとすること自体、現代から見ればナンセンスであり、当時でもドミニコ会士バルトロメ・デ・ラス・カサス等によるスペインの植民地政策に対する激しい糾弾があり、スペイン国内の神学者の間で議論が紛糾した。

フランシスコの契約書にあえて「正戦」による奴隷であると記されるのは、当時ポルトガル国王が、日本人の奴隷化禁止を明言していたことと関係している。つまり、ヨーロッパの法的習慣で合法であると明記しなければ、フランシスコを奴隷として取引することは許されなかったのである。それは後に、フランシスコ自身による奴隷身分解放訴訟の根拠ともなる。

奴隷身分解放訴訟

フランシスコは一五九七年三月四日、奴隷身分からの解放を求める申し立てをおこなった。彼は、自分は（身分的に）奴隷ではない、として自分の解放を訴え、書記官ディエゴ・デ・ソトマヨールの立ち会いのもと、訴訟の判決を待つことにした。その訴訟の知らせは、サンティアゴ・デル・エステロ市にいたロペス・デ・リスボア（フランシスコの元の主人）に伝わった。神父ミゲル・ジェロニモ・デ・ポラスはチリへ異動となり、フランシスコ・ハポンを商人バルタザール・フェレイラに引き渡し、八〇〇レアルを受け取った。それはハポンを入手した時に支払った額でもあった。同時に、バルタザール・フェレイラは、フランシスコ・ハポンの訴えが認められ、自由の身となった場合は、ポルトガル商人ディエゴ・ロペス・デ・リスボアから八〇〇レアルを受け取る権利を手に入れた。

バルタザール・フェレイラは奴隷商人で、ブエノスアイレスとチリのサンティアゴの商人たちと組んで商売をおこなっていた。彼はブラジルを経由して、スペイン領南米地域に来るアンゴラ人奴隷の取引に関わっていた。[42]

その後、フランシスコ・ハポンが自由を獲得したことを証明する書類は残っていない。しかしながら、一五九八年付で、彼の身分が「奴隷」ではないとする判決が出たことを予測させる史料がある。その一五九八年一一月三日付の史料には、ペルーのリマとチリのサンティアゴの複数の市民〔ファン・ロペス・デ・アルティポカ（リマ）、ジェロニモ・デ・モリナ、ファン・マルティネス・デ・ラストゥール、ロドリゴ・デ・アビラ（チリのサンティアゴ）〕が、バルタザール・フェレイラの代理人ファン・ニエトから、ミゲル・ジェロニモ・デ・ポラス神父に対し、フランシスコの代金八〇〇レアルを請求する権利を譲渡された、とある。[43] すなわち、フランシスコの奴隷としての取引に問題があったと認められたために、順を遡って、買い取り費用を弁済することが取り決められたのである。

第三章　ヨーロッパ

I　ポルトガル

インドからヨーロッパへ向かった日本人奴隷

ポルトガル人の流通ネットワークに入った日本人の中には、ヨーロッパへ向かった者も少なくなかった。大航海時代の有名な海難史実を集めた『海の悲劇物語（*História Trágico Marítima*）』にも、遭難した日本人が確認される。

一五九三年三月二一日、インド遠征艦隊に属するナウ船、サント・アルベルト号（船長ジュリアン・デ・ファリア・セルヴェイラ、操舵士ロドリゲス・ミゲイス）はコチンからリスボンへ向かって出港した。アフリカ大陸の南、より正確には、テーラ・ド・ナタル（現在は南アフリカのダーバン）の沖合い、フォンテス岩礁のあたりで、サント・アルベルト号は激しい暴風に襲われ、船体に打撃を受けて難破した。過剰積載もその理由であった。ジョアン・バティスタ・ラヴァーニャの記録によれば、その時乗り合わせていた一人の日本人奴隷は何とか上陸したが、砂漠で命を落とし、二人のカフル人奴隷とジャワ人奴隷一人と共に埋葬されたという。四人の奴隷が埋められた谷はその後、「慈悲の谷」と名付けられた。神の慈悲により、彼らは一四日間かけて砂漠を横断し、より肥沃でカフル人が多く住む土地に辿り着いたからである。[1]

インドのゴアやコチンの港を発ってリスボンへ到着するナウ船には、毎年何百人もの奴隷が積みこまれていた。その多くはただ運ばれるだけではなく、船上労働者でもあった。平均すると、

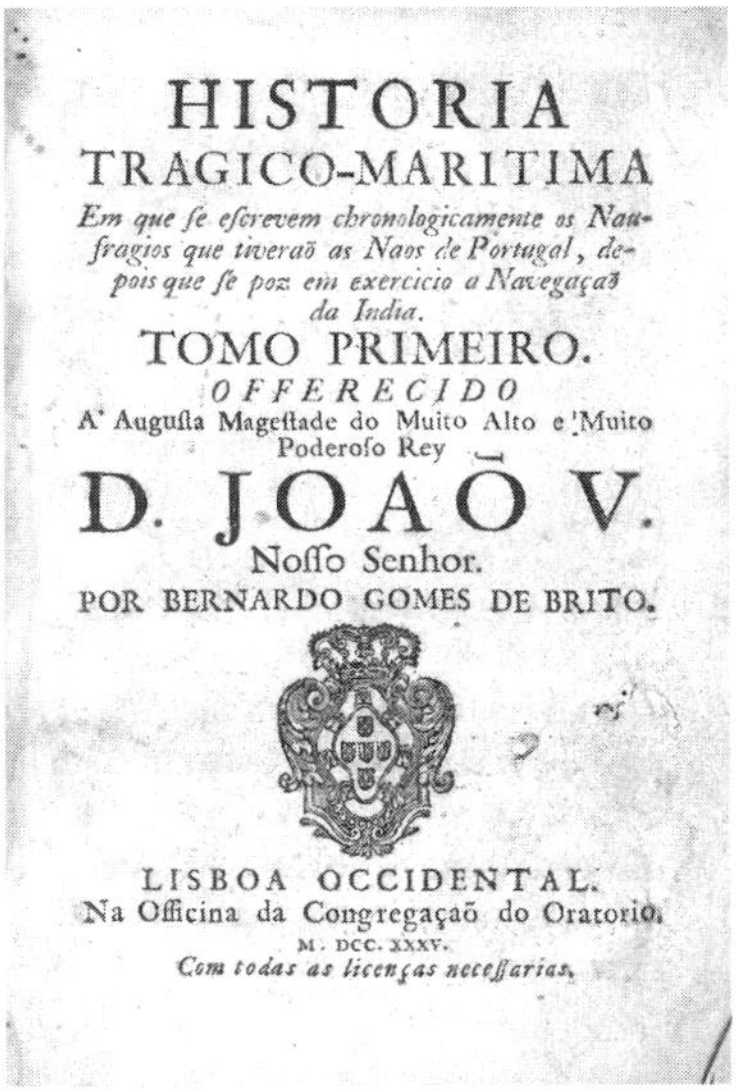
HISTORIA
TRAGICO-MARITIMA
Em que se escrevem chronologicamente os Naufragios que tiveraõ as Naos de Portugal, depois que se poz em exercicio a Navegaçaõ da India.
TOMO PRIMEIRO.
OFFERECIDO
A' Augusta Magestade do Muito Alto e Muito Poderoso Rey
D. JOAÕ V.
Nosso Senhor.
POR BERNARDO GOMES DE BRITO.
LISBOA OCCIDENTAL.
Na Officina da Congregaçaõ do Oratorio.
M. DCC. XXXV.
Com todas as licenças necessarias.

図19　『海の悲劇物語』1735年初版。

図20　16世紀のリスボン。Georg Braun, *Civitates Orbis Terrarum*, 1572

インドからポルトガルへ向かうナウ船一隻につき、二〇〇人から三〇〇人の奴隷が運ばれた。[2] リスボンで上陸した奴隷には、当初、二つの行き先が用意されていた。ギネー・ミナ商務院とインド商務院である。前者はアフリカから来る商品を、後者はアジアから来る商品をそれぞれ運び込む場所であった。それらの商品には、当然のことながら奴隷も含まれていた。インド商務院での奴隷管理の方法は、先に作られたギネー・ミナ商務院の方法に明らかに影響を受けていた。

これらの商務院では、奴隷を乗せた船が港に着くと、上陸前に、商務員（feitor）、金庫係（o tesoureiro）、商務院の書記官（o escrivão da Casa）、倉庫係（almoxarife）、奴隷の登記官（escrivão dos escravos）が船内に入った。それは違法な商品や密貿易商品が国内に流入するのを防ぐためであった。課税のための登記が済むと、奴隷たちは船から下り、食料を与えられた。同時に彼らの健康状態がチェックされ、瀕死の状態でも助かる見込みのある奴隷は医者に引き渡された。病気が回復すると、再度、商務員に引き渡され、査定がおこなわれ、治療にあたった者にはその

Une vente d'esclaves, à Rio-de-Janeiro.

図21　18世紀のリオ・デ・ジャネイロの奴隷市。Edouard Riouによる挿絵。
François-Auguste Biard, *Le Tour du Monde*, 1861

対価が支払われた。他の者たちは奴隷用の宿舎に送られ、倉庫係の監督下に入った。そこで、奴隷らは再び査定を受け、値札がそれぞれの首にかけられ、その上で商務院に納める税金が徴収された。税金の割合は、王の奴隷（ポルトガル国王が任命した代理人が名義の奴隷）の場合、付された価格の二〇パーセント、その他の奴隷には二五パーセントであった。

　倉庫係は奴隷の監督の他、食料の配給、病気の治療、逃亡や反乱の防止、売却にも関わった。王家に所有権のある奴隷の数には定数があったが、その数は時宜に応じて変化した。インドとミナの商務院の規則では、商務員の他、金庫係や各書記官も、毎年一人の奴隷を受け取る権利が与えられていた。[3]

　奴隷の販売は、倉庫係を通じてか、あるいは民間の奴隷商人との契約を通じておこなわれた。その取引では、売人と購入者の間に入る仲買人の役割も重要だった。仲買人には二種類あり、一つは「(王が命名した)王国の仲買人」、もう一つは「(リスボン市が命名した)市議会の仲買人」であった。一五七八年以降、奴隷を扱う仲買人と区別するために、香辛料、貴金属、織物といった奢侈品を扱う仲買人は「トラタドール(tratador)」と呼ばれるようになった。[4]

奴隷のコンフラリア

この時代、リスボン在住の奴隷を社会的に組み込む組織として、中心的な役割を果たしたのは「ロザリオの聖母のコンフラリア」であった。このコンフラリア(confraria：信徒が結束して信仰維持や社会活動に従事する信心会)は、一四六〇年には存在したことが史料で確認され、エチオピアからポルトガルに連れてこられ、カトリックの洗礼を受けた奴隷たちが初期の構成員であった。同コンフラリアは、リスボンのドミニコ会の修道院(聖ドミンゴ教会)内で管理された。[5]

一四九六年に国王ドン・マヌエル一世が正式にこのコンフラリアを承認し、王家のお墨付きを与えられた。一六世紀には、マヌエル王の息子ドン・ジョアン三世が、一五一八年と一五二九年付で、そのコンフラリアの特権を認めている。

当初、このコンフラリアは男、女、高齢者、若者、金持ち、貧乏人、自由民、奴隷、聖職者か

図22　16世紀末のリスボン、アルファマ地区。多くの黒人奴隷が立ち働く。制作年代1570-1580。作者不詳

ら大衆に至るまで、あらゆる人々を受け入れていた。黒人、白人、奴隷、自由民が共存したこのコンフラリアの開放性と多様性は、後に多くの問題を引き起こすこととなった。すなわち、「ロザリオの聖母のコンフラリア」は分裂し、人種別の複数のコンフラリアや兄弟会（イルマンダーデ）へと分かれてしまったのである。

そのうちの一つが、「黒人のための ロザリオの聖母のコンフラリア」である。そのコンフラリアには数多くの規約があったが、最も有名なのは一五六五年のものである。この文書から、それは兄弟会の性格が強く、正式会員は黒人の男性で、なおかつ自由民に限られていたことがわかる。協会の運営役にはそれらの黒人の男性会員だけが就くことができた。中東出身者、混血児、インド人（アジア人全般を指す）、そして奴隷は、正式会員にはなれず、準会員のままであった。この組織では、人種差別も性差別も容認されていたのである。このコンフラリアの規則からは、ヨーロッパにいる他民族、有色人種の間にも、階層社会が存在し、アジア人はアフリカ人の下位に置かれていたことがわかる。準会員は、役職者になれないばかりでなく、万事に関して決定権を持たないことが定められていた。[6] インド人（アジア人）というカテゴリーは、そのコンフラリアにおいて、中東出身者や混血児のさらに下層に位置づけられていた。

「黒人のためのロザリオの聖母のコンフラリア」の会員には次のことが許されていた。①船内に大きなロウソクを持って行くこと。②ミサの最中に施しを請うこと。③町で募金活動を組織的に展開すること。④公定価格と引き替えに奴隷を解放すること。

ポルトガル人以外の人種、とくに奴隷たちが参加を許されているコンフラリアは、他に「インディオ（アジア人）のための聖トマスのコンフラリア」があった。その本部はリスボンのサントメ教会にあった。このコンフラリアの存在や特権等については、国王フェリペ二世の法令集にある。そこには、そのコンフラリアが募金活動を許される地域、期間、活動に従事できる人々のこと等が記されている。[7] このコンフラリアの組織的な詳細を確認することはできないが、日本人もおそらく参加していたことであろう。奴隷たちもまたカトリック教会の組織の一部であるコンフラリアに参加することで、一定の社会保障が得られ、その生活を守られるというメリットがあった。

リスボンに住む日本人

ヨーロッパに最初に到着した日本人として知られるのは、ザビエルが鹿児島で洗礼を授け、その後の彼の行程に同行したベルナルドという青年である。ベルナルドはゴアを経由して一五五三年にリスボンに到着し、一五五七年に没した。その間ローマへも赴き、イエズス会総長のイグナティオ・デ・ロヨラや教皇パウルス四世の謁見を受けた。ベルナルドの没後、一五八四年八月に天正少年使節がリスボンへ到着するまで、約三〇年間の空白があるが、その間にも日本人はリスボンにやってきて生活を営んでいた。

一五七八年から五年間リスボンに滞在したフィレンツェ人フィリッポ・サセティ（一五四〇～八八）が、一五七九年一〇月一〇日付で、フィレンツェにいるバッシオ・ヴァローリ宛に書いた書簡には興味深い記述が見られる。

（リスボンには）他の遠い地域から、日本人が到来する。彼らはオリーブ色の肌を持ち、ここではどんな仕事（手工業）もよく理解してこなしている。顔は小さく、身長は平均的である。中国人は非常に頭の冴える人々で、彼らもまたいかなる仕事もこなす。とりわけ料理の腕前は見事である。[8]

すなわち、一五七〇年代の後半には、ある程度まとまった集団的な観察が可能なほどに、リスボンには日本人や中国人が居住していたと考えられる。同時に、その書簡からは、一五七〇年九月二〇日以降、ポルトガル国王の命令により日本人の奴隷化が禁止されていたにもかかわらず、[9]日本人奴隷は毎年ポルトガルに到着していたことが明らかである。

一五八一年、五隻の船団がリスボンを出港した。四隻はインドへ、一隻はマラッカを目的地としていた。うち一隻には、イエズス会士のマルコ・アントニオ・ポルカリが乗船しており、彼はコチンに到着後、一五八一年一一月、イエズス会総長アクアヴィーヴァに、その航海の詳細を語る書簡を送った。そこには、病気を患う水夫たちや、イエズス会士たちが船上でおこなった治療の様子が生々しく描写され、ポルトガルからインドへの航海途中に死んだ七人のポルトガル人、二人の中国人、一人の日本人についての記録がある。[10]この詳細不明の日本人は、一五八一年にリスボンをアジアへ向けて出港したということは、もっと早い年代に、日本から東南アジアやインドを経て、ヨーロッパに到着していたのであろう。そして彼は船乗りとして、再びアジアを目指す旅の途中に病没したのである。

記録で確認されうる最も早い年代のリスボンに住む日本人の名前は、ジャシンタ・デ・サという名の女性である。リスボン中心部、大聖堂の近くにあるコンセイサン地区に住み、かつては奴

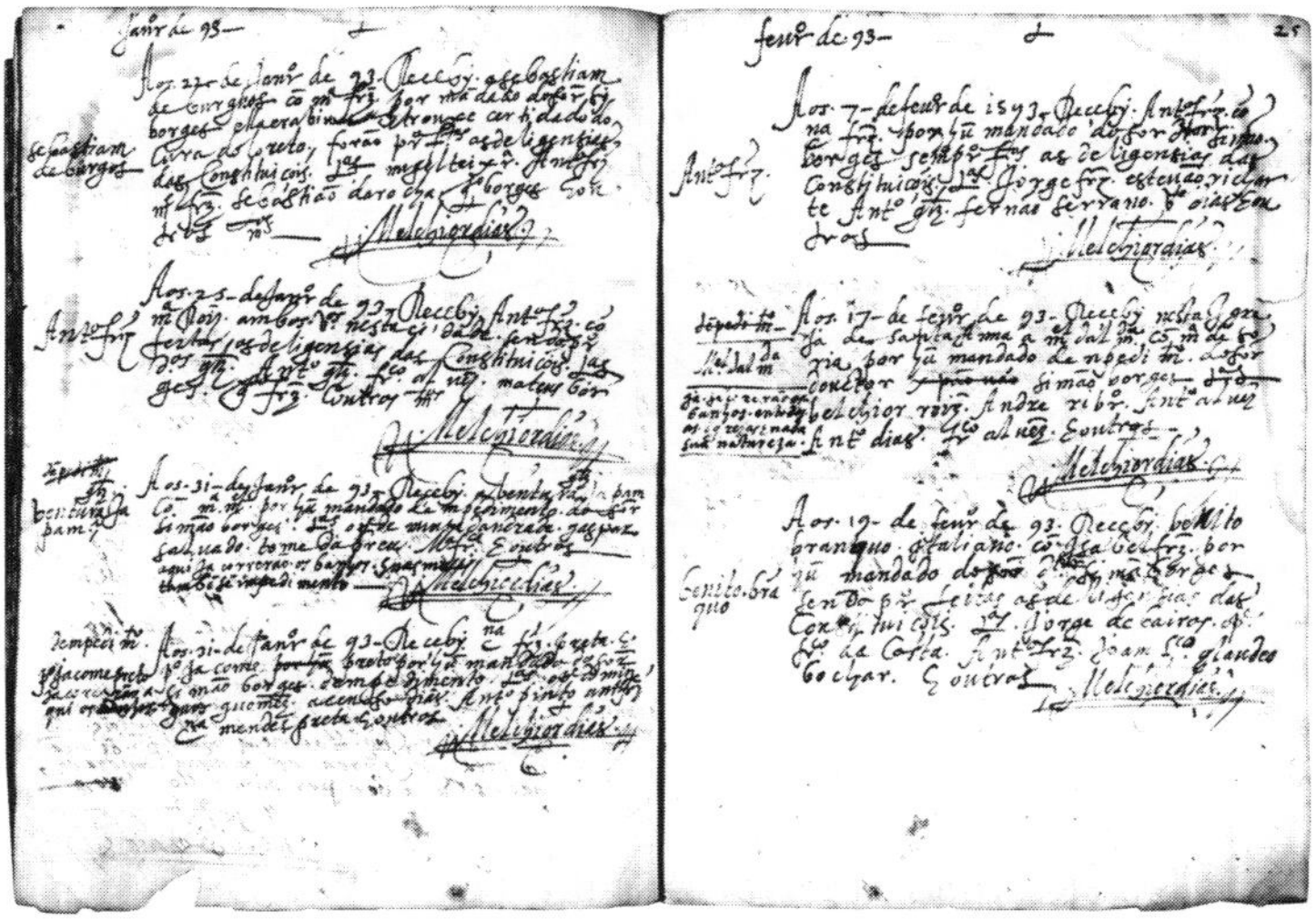

図23　日本人の婚姻記録（ポルトガル国立公文書館所蔵）

図24　17世紀リスボンの中心部ロッシオ広場。

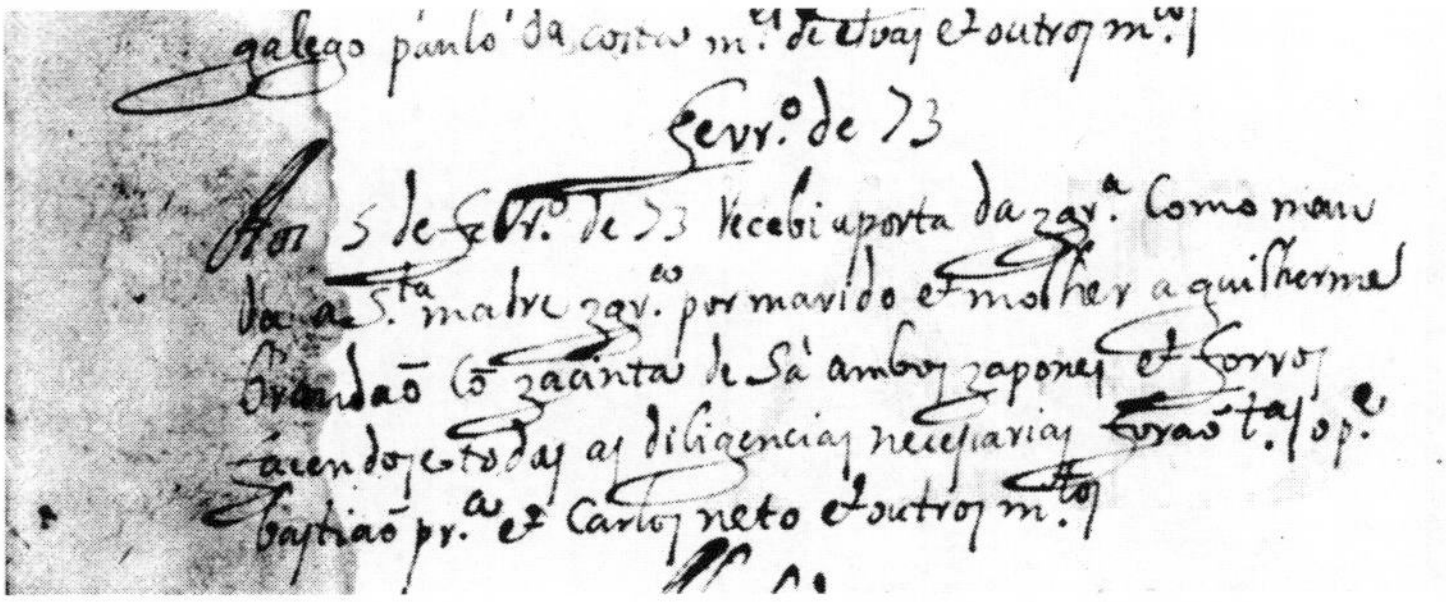

図25　日本人ギリェルメ・ブランダォンとジャシンタ・デ・サの婚姻記録（ポルトガル国立公文書館所蔵）

隷であったが、後に自由民となった。彼女が解放された理由が、日本人を奴隷とすることを禁じる一五七〇年のセバスティアン法と関係があるかどうかは不明である。

記録によると、一五七三年二月五日、ジャシンタ・デ・サはコンセイサン教会（Igreja de Nossa Senhora de Conceiçao Velha）において、日本人の解放奴隷ギリェルメ・ブランダォンと結婚した。結婚式の証人は司祭セバスティアン・ペレイラとカルロス・ネトである。参列者は多数あったことが記録されるが、詳細は不明である。[11] この夫妻の子供たちの生没や洗礼に関する記録は、同じ教会の記録に見つけることができなかった。彼らがその後転居したために、同じ教会の記録に記載がないのかもしれない。さらには、一五八〇年一月二七日にリスボンで大地震が起き、とりわけ市街の中心部は壊滅的な状況となったことも、記録が残らなかった理由かもしれない。[12]

カトリック教徒の結婚は教会で公式な記録として管理されるので、比較的記録に残りやすい。それでも大災害や教会そのものの取り壊し等により、古い記録が残っているケースは多くはなく、ジャシンタとギリェルメの記録が残っていたことは、非常に幸運なことであった。リスボンの教会の記録では、他にも一六世紀の日本人の結婚に関する記録がある。

一五八〇年代初頭、リスボン市内にヌーノ・カルドーゾという名の日本人奴隷が住んでいた。一五八六年六月一〇日、解放身分となったヌーノは、リスボン中心部のシアード地区にあるロレト教会にて、ポルトガル人フェリペ・ロドリゲス所有の女奴隷コンスタンティーナ・ディアスと結婚した。結婚の届けには九人の結婚証人の名前があるが、その中では司祭ディオゴ・フェルナンデス以外の人物については他の情報はない。[13] ヌーノの職業も不詳である。

自由民が奴隷と結婚するのは、一般的なことでも容易なことでもなかった。当然、奴隷の結婚には主人の了承が必要であるが、通常その許可は容易ではなかった。自由民と結婚した奴隷には、様々な権利が与えられた。一例としては、主人は思うように売り払うことができなくなる、すなわち奴隷の売却には条件が付され、教会で合法とされた結婚を妨げるような転売は禁止されていた。

婚姻記録から見る奴隷社会

一六世紀末のリスボンのペーナ教会の記録では、日本人の婚姻に関して興味深い事例が二件ある。[14] 一件目は、一五九三年一月三一日付の新郎ヴェントゥーラ・ジャパンと新婦マリア・マヌエルとの結婚であり、[15] もう一件は一五九五年一月一八日付の日本人ゴンサロ・フェルナンデスとポルトガル人カタリーナ・ルイスとの結婚である。[16] その婚姻の確認書類は、同年一月二五日の日付を持つ。

結婚の届け出には彼らの属性、すなわち職業や居住地などが記されていない。この二つの結婚は、司祭メルシオール・ディアスが執り行い、結婚の証人の名は詳細に記されている。そこから、ヴェントゥーラとゴンサロという二人の日本人男性の社会環境を、ある程度再現することが可能となる。

彼らの結婚の証人は、奴隷、解放奴隷、そして何人かの自由民で成り立っている。日本人ヴェントゥーラとゴンサロには共通する友人代表、ポルトガル人のトメ・デ・アブレウとマリア・フランシスカがいた。この二人が結婚の証人である。日本人ヴェントゥーラの妻には、友人・親族

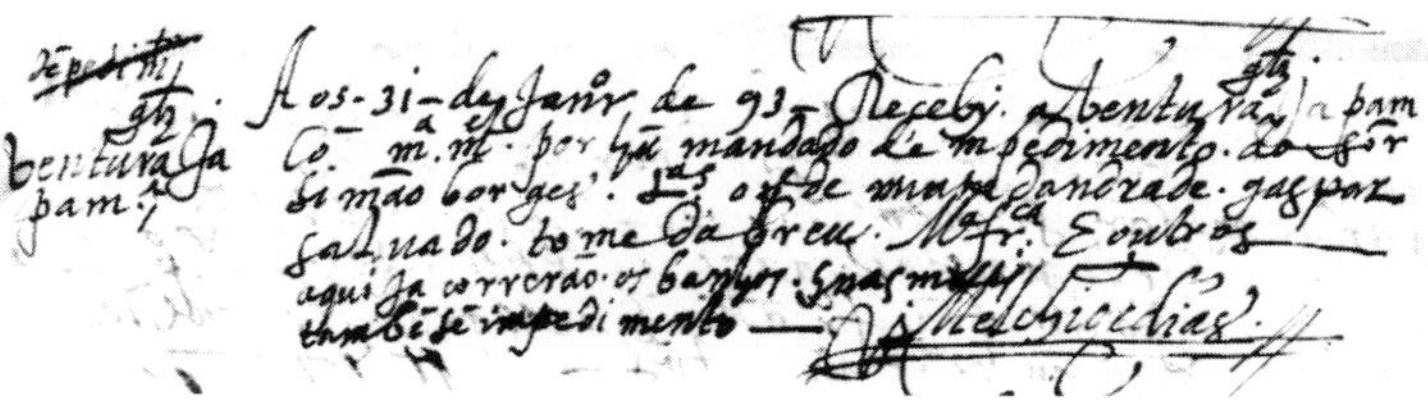

図26　日本人ヴェントゥーラ・ジャパンの婚姻記録（ポルトガル国立公文書館所蔵）

等の記載がないのに対し、日本人ゴンサロの妻であるポルトガル人カタリーナ・ルイスに関しては、親族のドミンゴ・ルイスとその妻の記載がある。この夫妻については付加情報がないので、彼らはペーナ教会の管轄地区の住人ではなく、おそらくリスボンの他の教区か、ポルトガルの他の地域から結婚式に参列するためにやってきたと考えられる。

また、ゴンサロの結婚の別の証人、ジョアン・フェルナンデスに関しても疑問が生じる。この人物は、その名からおそらくゴンサロの元の主人であったと考えられる。彼はまたアフリカ人解放奴隷フランシスコ・オーメンとマリアの結婚（一五九三年一一月二三日付）の証人でもあり、そこに召使いのペドロ・フェルナンデスを同席させていた。この姓は日本人ゴンサロの別の友人、ジャワ人のアントニオ・フェルナンデスとも共通している。おそらくゴンサロ、ペドロ、アントニオは、ポルトガル人のジョアン・フェルナンデスに仕え、その姓を共有したと考えられる。

ジャワ人男性アントニオ・フェルナンデスは、アフリカ人女性ロウレンサ・ダ・シルヴァとの婚姻記録（一五九四年五月八日付）がある。彼もまた日本人ゴンサロの結婚の証人であった。さらに彼は、寡夫のインド人男性ガスパール・トスカーノとアフリカ人女性で寡婦のジュリアナ・カルナーリャの結婚の証人でもある（一五九四年五月八日付）。

日本人ゴンサロの結婚において、さらなる証人はジョルダン・ピレスであり、彼はインド人男性ジョアン・ゴメスとポルトガル人女性ジュスタ・ロドリゲスとの結婚（一五九五年八月二七日付）の証人でもあった。日本人ゴンサロ・フェルナンデス自身も、アフリカ人の男性奴隷で寡夫のマヌエル・カルネイロとアフリカ人の女性自由民で寡婦のマルケザ・デ・アタイーデとの結婚において、証人代表を務めている（一五九七年一〇月五日付）。その婚姻記録では、他にアフリカ人ジョアン・ロペス、ロバ飼いパウロ・アンドレ、神父ジョゼ・ペルディガンの召使いジョアンも証人である。

これらの結婚の記録には、神父アセンソ・ディアスの名が往々にして見られ、彼は奴隷や元奴隷の結婚において、何度も証人を務めている。すでに挙げた例の他に、男性奴隷ペドロと女性奴隷マルガリーダ（一五九三年一二月一二日付）、黒人男性バスティアンと黒人女性奴隷ブリティス（一五九五年一一月一八日付）、アフリカ人奴隷ロウレンソ・ケイロースとアナ・フェルナンデス（一六〇〇年五月二四日付）の結婚等もある。[17]

一五九三年から一五九七年のペーナ教会の婚姻記録からは、リスボンの奴隷社会の一端が垣間見える。おそらく日本人ゴンサロ・フェルナンデスは、その地域に住むアジア人やアフリカ人の奴隷・解放奴隷のコミュニティの一員であったと推測できる。またポルトガル人女性カタリーナ・ルイスとの結婚と、友人トメ・デ・アブレウとの関係から、彼が白人のポルトガル人社会ともつながる存在であったとわかる。ゴンサロ・フェルナンデスに比して、もう一人の日本人ヴェントゥーラについては、ほとんど情報がない。彼が突然この教区の記録から姿を消したのは、他の地域に引っ越したためである可能性も高い。その後の子供の出生や死亡に関する記録もないからである。

一五九七年を最後に、この奴隷・解放奴隷の集団に関する記録が見られなくなる。同じ時期に、リスボン全体の人口動態に影響を与える出来事が生じたことと無縁ではないように思われる。それは、一五九八年一〇月、リスボン市内に初めて死者が出て以来、累々たる屍《しかばね》が積み上げられた黒死病の流行である。それが収束したのは一六〇二年二月のことであった。[18] 感染から逃れるため、多くの人々がリスボンを離れ、周辺地域へ移動した。ペーナ教区に在住していた市民の多くも、罹患して死亡したか、あるいは他の地域へと移動した可能性は十分ありうる。一六世紀末のリスボンでは、あまりに多くの犠牲者が出たため、彼らの遺体は土を掘った穴の中に集団で埋められた。この時期の教会記録に、死亡の記録が少ないのも、実際の死者の数が少ないからではなく、逐一、教会が死亡を確認する対応をとることができないほどの惨状であったとも考えられる。

日本人奴隷の職業 ――家事・手工業

すでに見てきたように、少なくとも一五七〇年代以降には、日本人が少なからずリスボンに居住していた。一五九〇年三月二三日付で、インド副王マティアス・デ・アルブケルケ（在位、一五九一〜九七）の妻ドナ・フィリッパは、夫の委任状を根拠に、日本人奴隷ディオゴの解放を決定し、法的手続きに入った。その公文書には、ディオゴが「色白の日本人」であったという身体的特徴も示されている。[19] ディオゴはアルブケルケ家の家事奴隷であったと思われる。ディオゴがリスボンで解放された背景には、日本人の奴隷化を禁じたセバスティアン法の再施行が関係している。[20]

一五九〇年四月付のイエズス会総長アクアヴィーヴァの書簡からは、当時ポルトガルに辿り着いた日本人奴隷の中には、ヨーロッパ上陸後、すぐに解放される者もいたことがわかる。ポルトガル本国では日本人奴隷の売買の違法性は周知されており、所有者は処罰を恐れたからである。[21]

同様の事例は、インド航路を往来した航海士ガスパール・ゴンサルヴェスの未亡人マルガリーダ・フェルナンデスが、一五九八年九月二五日付で日本人奴隷のマヌエル・フェレイラを解放した証書にも見られる。その解放手続きに関する書類には、マヌエルが奴隷身分であるのは、違法であったことが明記されている。[22]

ポルトガルで解放されたことがわかる日本人の奴隷の事例としては、リスボンで貿易業を営むアルメニア人のシマン・カルロスの所有したトメという日本人男性に関するものがある。トメは一五九三年三月七日付で解放された。トメはリスボンの港に面した金融街ルア・ノーヴァで「金の精錬技術者」として働いていた。解放の理由として、彼が長年にわたり真面目に働いたことが挙げられている。解放証書には、「トメは何年もの間、主人の下で真面目に働いた。誠実な労働者には、報酬が与えられるべきである」と記された。[23]

奴隷身分であることが違法であると認識されて解放される場合もあったが、そうではなく、所有者の死後に、遺言などによって解放されるケースもよく見られた。

一五九六年二月七日、リスボンの港に面したサントス修道院の修道女ドナ・フィリッパ・デ・ゲーラは遺言状に、自分の死後に、三〇歳の日本人女性奴隷マリア・ペレイラを解放するよう書き残した。女性奴隷マリアは、この時点ですでに二〇年以上修道女に仕えていたと記される。つまり、少なくともマリアは、一五七〇年代初頭、幼女の頃にポルトガルに連れてこられたものと考えられる。[24]

「解放（alforria / libertação）」は、実際のところ厄介払いである場合も多かった。奴隷が年をとり、仕事ができなくなると、厄介者でしかなくなり、彼らの面倒を見るのを嫌がる主人は、それらの奴隷を「解放」した。残念ながら、こうした奴隷の行きつく先は、浮浪者、物乞いの類であった。

運がよければ養老院や救貧院の世話になることもできた。三〇歳で解放されたマリアはその後結婚したり、別の仕事に就くこともできたであろうが、その所有者であった修道女は、マリアにとくに恩給も遺さなかったと思われるので、その後マリアがリスボンで暮らしていくのは、容易ではなかったであろう。

国境の町セルパ

一六世紀のリスボンは、ヨーロッパ随一の都会で、諸国からの産物、民族で溢れかえる国際的な都市であったから、そこに日本人が遥々《はるばる》海を渡ってきて暮らしていたと聞いて、驚きはしても、信じ難いことではないであろう。しかしながら、もし現在でも日本人は一人もいない、普通は旅行で訪れることもない田舎の町に、一六世紀末、日本人が暮らしていたとしたら、彼らの数奇な運命に関心を持たずにはいられないであろう。

一六〇四年、かつて日本―マカオ間の航路のカピタン・モールを務めた経験のある、スペインとポルトガルの国境にほど近い町セルパの領主ロッケ・デ・メロ・ペレイラが死んだ。序章で、ペレス一家を追って長崎までやってきた人物である。彼の遺言によって、その財産は相続人たちに与えられることになった。その譲渡リストの中に、七人の日本人の奴隷が含まれていた。うち五人は女性、残る二人は男性であった。[25] 女性たちの名前は、ウルスラ、エレナ、セシリア、イサベル、ルクレシア、男性の名前は、マティアスとルイスであった。その他にもう一人、インド方面へと逃亡したとされるアントニオという名の男性の日本人奴隷がいたことが同文書に記される。

その七人の日本人奴隷の評価額は総額三一万レイスとされていた。この金額を単純に一人あたりにあてはめると、四万四二八五レイスとなる。これは当時ポルトガル国内で流通していた通貨トスタンに換算すると約四四三トスタンとなる。

ルイス・フロイスの『日本史』によれば、[26] 一五八八年、薩摩の島津軍と豊後の大友軍との戦闘に際し、多くの豊後領民が捕虜として生け捕りにされたとある。これらの人々は肥後地方からさらに高久へと売られ、島原や三会では、四〇名もの豊後から来た女、子供が束になって売られた。[27] 彼らの値段は、一人あたり「二、三トスタン（dous, tres tostões）」であったとある。邦訳本では「二束三文」と翻訳されているが、トスタンは当時ポルトガルで使用されていた銀貨の単位であり、フロイスは具体的な価格を示していると理解するべきである。[28]

つまり、日本で売買される奴隷の原価が三トスタンであったと考えれば、ポルトガルで彼らに与えられた四〇〇トスタン以上の価値というのは、およそ原価の一〇〇倍以上であったと見ることができる。ペレイラの奴隷たちは、ペレイラ自身が日本から連れて帰った可能性が高いと思われるので、転売に転売を重ねた結果ではなかろうが、通常奴隷は被転売を重ねながら移動していくので、遠くへ行けば行くほど、付加価値が加えられていったものと考えられる。

II　スペイン

慶長遣欧使節の人々

スペイン、とくに海外とつながる交易都市であったアンダルシアのセビーリャに一六世紀に居住していた「チーノ／チーナ（中国人）」についての研究は、フアン・ヒルによるものがある。前述のように、この時代スペイン語で「チーノ／チーナ」と呼ばれるのは、必ずしも中国人に限らず、黄色人種全般であったので、その中には日本人も含まれていたと考えるのが妥当であろう。一五七〇年代前半には、リスボンに日本人が少なからず居住していたことが確認されるが、スペインに一六世紀にいた日本人に関する明確な記録を見つけるのは、やや困難である。そのため、すでによく知られた事実ではあるが、セビーリャ近郊のコリア・デル・リオにいる日本人の子孫であると伝えられる「ハポン」姓につながる人々に関する記録を、参考にしてみたい。

第二章のメキシコに関する部分で示したように、支倉六右衛門率いる慶長使節団の航海で、多くの日本人が太平洋を渡ったが、その中には道中で滞在した場所に留まり、そこで生涯を終えた者たちがいた。支倉の使節団のうち、大半はヨーロッパに渡航せず、メキシコに滞在し、翌年には、日本へ戻っていた。支倉と共にヨーロッパまで行ったのは、三〇名程の日本人であったと言われる。

メキシコを経て一六一五年にスペインに到着した支倉一行は、同年一一月ローマを訪れ、教皇パウロ五世に謁見し、支倉はローマの名誉市民とされ、ローマ元老院議員の称号を与えられた。その後一行はセビーリャへ戻り、郊外のコリア・デル・リオ近くにある、ロレトの聖母修道院に滞在した。その滞在期間中、随行員のうち数名がそのまま残留することを決意したと言われる。[29]中でも、身分の最も高い者であったのはドン・トマス・フェリペと呼ばれる武士であった。

ドン・トマス滝野嘉兵衛

ドン・トマスは支倉使節の中でも、高い身分の人物であったと言われる。支倉と共にローマへ赴いた人物のリストには、「ドン・トマス・タキノ・カフィオエ」という人物がおり、ドン・トマス・フェリペは「タキノ・カフィオエ」であったと比定されている。この人物は、山城出身の滝野嘉兵衛であると言われ、同行した伊丹宗味《そうみ》（摂津出身、ドン・ペドロ）、野間半兵衛（尾張出身、ドン・フランシスコ）と常に行動を共にした。[30]

この人物に関する欧文で記された最初の記述は、ドン・トマスが往路アカプルコにおいて、ヌエバ・エスパーニャ副王ディエゴ・フェルナンデス・デ・コルドバ（在位、一六一二〜二一）に謁見した折に関するものである。副王レベルの貴族に謁見する際には、通常帯刀は許されていなかったが、ドン・トマスに関してはそれが許されたこと、また彼が殉教者の息子であるという情報が加えられている。[31] ドン・トマスがセビーリャに到着した際のスペイン史料にも同様の記述がある。

セビーリャに奥州の王、伊達政宗が送った大使支倉トクエモン（ママ）が到着した。彼は護衛隊長を筆頭に、刀を帯びた三〇人の日本人の家臣を従え、うち一二人は弓、槍、短剣などを携えていた。護衛隊長はキリスト教徒で、ドン・トマスと称し、日本人殉教者の息子であった。[32]

イタリアの史料からは、この時、ドン・トマスが帯びていた剣と短剣は、ヌエバ・エスパーニャの副王が彼に贈ったものであったことがわかる。[33] つまり、支倉の一行の中でもドン・トマスは別格の扱いを受けており、彼の「殉教者の息子」という属性が重要視されていることから、それも理由であったことが推察される。京都出身とも言われるドン・トマスは、日本二十六聖人殉教者（一五九七〔慶長元〕年、豊臣秀吉の命令によって長崎において上方で活動していたフランシスコ会士や関係する日本人信者等が処刑された）のうちの誰かの縁者であったのかもしれない。

セビーリャに着いた使節団一行は、スペインの王族と貴族のみが入ることを許されるアルカサル宮殿に迎え入れられた。この出来事は全市民の関心の的となり、セビーリャの大司教は、「東方の三賢者到来」と謳った。[34]

一六一五年二月には、支倉自身がマドリッドのフェリペ三世の宮廷で洗礼式をおこない、キリシタンとなった（洗礼名、ドン・フェリペ・フランシスコ）。その年、ドン・トマス（滝野嘉兵衛）とドン・フランシスコ（野間半兵衛）は、フランシスコ会の修道士となり、キリストに生涯を捧げる決意をした。[35]

ドン・トマス、ドン・ペドロ、ドン・フランシスコは、これより重要な生き方は他にないと言い、その教えに従って世俗のものを捨てる決意をした。〔略〕聖職者になる決意をし、聖人（聖フランチェスコ）の修道服を着用した。ドン・トマスとドン・フランシスコは剃髪し、武具を捨て、日本人の聖職者の衣服を着て、（神なる）主に仕える身となった。[36]

ドン・トマスのその後

フランシスコ会修道士となったはずのドン・トマスであるが、彼は結局修道生活を捨て、俗人に戻り、エストレマドゥーラ地方のサフラに住むディエゴ・ハラミーリョという名のスペイン人に仕えることになった。しかし彼は、奴隷のような待遇を受け、焼き印まで押されてしまった。日本人の奴隷化はスペイン国王によって禁止されていたことを考えると、これは非常に奇異な状況である。そして、一六二二年七月四日、ドン・トマス・フェリペは「日本の武士(cavallero Japon)」として、訴えを起こした。

陛下

ドン・ドマス・フェリペは、日本の大使と共に当宮廷を訪問し、キリスト教に改宗した日本の武士であります。神の恵みにより、陛下の父君にあたる当時の国王陛下(フェリペ三世)は、手ずから聖水盤から(聖水を)彼に授けられ、陛下の姉君であるフランス王妃様(アンヌ・ドートリッシュ)は、聖油を授けられました。サフラに住むディエゴ・ハラミーリョなる者が、彼は俸給を受け取っており、奴隷ではないにもかかわらず、彼に仕えていることから、彼に焼き印を押しました。かくして、この不正行為に対し、厳正なる裁きを下していただくよう、陛下に（お願いするに）至りました。どうか彼に自由を与え、日本への帰国許可をお与えください。なんとなれば、彼は自由民で、キリスト教徒でありますから。どうか彼が大きな恩恵と慈悲を受けるべく、彼に帰国の許可をお与えください。　ルイス・デ・コントレラス、一六二二年九月二六日、インディアス枢機会議[37]

セビーリャのインディアス枢機会議からドン・トマスの嘆願はマドリッド宮廷へ送られ、ドン・トマス・フェリペには、日本への帰国許可が下された。一六二三年六月七日付の、ヌエバ・エスパーニャへ渡航する航海乗組員名簿に、「ドン・トマス・フェリペ・ハポン」の名前が確認される。[38]さらに一六二三年六月一二日、彼は新たにヌエバ・エスパーニャからフィリピンへの渡航許可を求めた。フィリピンから日本へ戻るつもりであったのだろう。[39]年代から言うと、一六二四年には江戸幕府はマニラとの通交を絶ってしまうので、日本まで辿り着いた可能性は薄いと考えるが、それでもメキシコあるいはマニラまでは戻りえたのではなかろうか。

コリア・デル・リオの日本人

ドン・トマス、ドン・フランシスコらの他にも、数人の日本人がメキシコへ戻らず、コリア・デル・リオに残ることにしたと言われている。コリア・デル・リオが彼らをヨーロッパまで導いたフランシスコ会士ルイス・ソテロの故郷であることから、この地に留まることにした日本人を受け入れる社会的要因が整っていたのかもしれない。[40]

有名な話だが、現在コリア・デル・リオを中心として存在するハポン（日本）姓の人々の祖先が、支倉使節の日本人であった可能性は非常に高いと考えられる。[41] ただし、その子孫自身が、自分たちの祖先のことを口承で記憶していたとか、史料からそれが証明できるという話ではない。彼ら自身、自分たちが日本人の子孫であるかもしれないことは、まったく意識していなかった。

一九八九年、当時のセビーリャ市長マヌエル・デル・バリェ・アレバロが仙台市政一〇〇周年記念を祝うために日本を訪れた際、コリア・デル・リオには「ハポン」という姓の人々がいることを明らかにした。[42] しかしながら、彼らの祖先が日本人であることを証明できる記録は残っていなかった。一六〇四年から一六六五年のエストレーリャ・デ・コリア教会の記録は消失していたからである。コリア・デル・リオ地域の教会記録に初めて、「ハポン」姓の人が登場するのは、一六六七年のことである。その年、フアン・マルティン・ハポンとマグダレーナ・デ・カストロの間に生まれた娘カタリーナが受洗した記録がある。一六七三年一〇月一一日付の、アンドレ・ハポンとレオニーナ・ケベド夫妻の息子ミゲル・ハポンの受洗記録もある。[43] 一六世紀の教会記録に「ハポン」姓の人が見当たらず、一七世紀中葉の教会記録に登場することは、この一族がコリア・デル・リオに住み始めたのは、一七世紀前半のことであったと言えるのではないだろうか。

おわりに

「キリシタンの世紀」とも呼ばれる一六世紀中葉から一七世紀中葉までの一〇〇年間は、「南蛮の世紀」と呼ばれることもある。それほどまでに、南蛮人と呼ばれたポルトガル人・スペイン人との交易を主とした交わりが、日本の社会やその文化に与えた影響は少なからざるものであると言えるだろう。

「南蛮貿易」は、中国の沿岸島嶼部（一五五七年以降はマカオ）をハブ拠点として、交易に従事するポルトガル人たちが、インドや東南アジアの諸地域で取引される商品や、中国産の生糸・絹織物・薬種などを日本へと運んだものとして知られる。南蛮貿易における主要な取引品は、戦国時代はシャム（現在のタイ）の港アユタヤに集積する鉛などの鉱物、中国産の硝石など、軍事に関するものであった。それらの入手のために、当時開発著しかった石見《いわみ》の大森銀山などで産出される銀が費やされ、また戦国時代の「乱取り」と呼ばれる、戦時の捕虜の習慣などを要因として、多くの日本人が「奴隷」として国外へ運ばれたのである。

記録に散見される限りでは、これらの日本人奴隷の出身地に、「豊後」が多く見られるのは事実であるが、であるからと言って、天正七年（一五七九）にキリシタンに改宗した大友宗麟が積極的に奴隷貿易に関与したとは言い難い。というのも、「乱取り」は大友氏と敵対した島津領でよく見られた現象であったし、豊後出身であるということは、むしろ大友対島津の戦争で捕らえられた豊後領民が、薩摩経由で長崎へと運ばれたと考える方が自然であるからである。戦国時代に流出した日本人の奴隷は、このような戦争捕虜であるばかりでなく、誘拐された子供、親に売られた子供なども多くあった。これらの事例では往々にして、日本人側の理解では、「奴隷」ではなく、期限付きの隷属、すなわち「年季奉公」の感覚であった可能性が考えられる。というのも、メキシコやアルゼンチン、ポルトガル、スペインなど、世界中に残る一六世紀の日本人奴隷に関係する史料のうち、「自分は本来ならば奴隷ではない」ことを主張して、わが身の解放を求める訴訟に関するものが、相当数存在するからである。

一六世紀のポルトガル人による奴隷貿易は、日本やアジアに限らず、全世界的な現象であった。人間が商品として売買されることが、最も日常的であった時代の一つである。とはいえ、映画などからイメージされるような、奴隷商人が銃や縄で追い立て、悲惨な待遇で人々を家畜のように船内に押し込むシーンは、やや限定的なものであることにも注意せねばならない（そういったことがまったくなかったという意味ではない）。

最も意外なことには、彼らが取引される際には、「文明化」すなわち「キリスト教化」の儀式が伴った。つまり彼らは、ポルトガル人の奴隷になる際に、洗礼を授けられる習慣があった。それは長崎でもおこなわれた。つまりイエズス会の宣教師は、奴隷として売買される人々の存在を知っていたし、その取引が正当化されるプロセスにも関与していたと言わねばならない。一五七〇年に日本人の奴隷取引を禁じたポルトガル国王ドン・セバスティアンの勅令は、「ポルトガル人が日本でおこなう奴隷取引が、キリスト教布教の拡大を妨げる」ことを理由に、イエズス会の働きかけによって発せられたものであった。しかしながら同時にイエズス会は、日本における奴隷貿易に関与せざるを得ない状況にあった。日本において、奴隷貿易そのものや、イエズス会の介入が完全に断たれる状況になったのは、慶長三年（一五九八）にルイス・デ・セルケイラが日本司教として長崎に到着し、奴隷取引に関わる者すべてを、教会法により罰すると定めたことによる。

ポルトガル人側での日本人売買をめぐる禁令とは別に、日本の為政者からも、日本人の海外への売却を問題視する動きがあった。それは秀吉による有名な「伴天連追放令」である。世に言う「伴天連追放令」には二種類、天正一五年（一五八七）六月一八日の日付を持つ覚書（伊勢神宮文庫『御朱印師職古格』）と翌日の五か条（『松浦家文書』）がある。それぞれ内容が異なり、先行研究においても解釈が分かれる複雑な問題であるので、内容の分析はさておき、六月一八日の覚書に、「一、大唐南蛮高麗へ日本仁を売遣候事可為曲事《きょくじたるべく》、付日本ニをいてハ人之売買停止之事」として、日本人の売買を禁じた条項があることに注目したい。この条項がキリシタン問題と同じ扱いで言及されるということは、すなわち秀吉が、日本人が海外へ売却されている現実を、イエズス会の問題でもあると認識していたことを示すものに他ならない。

これまでこの条項は、イエズス会とは無関係であるとか、宣教師がポルトガル商人の奴隷売買を黙認していることを問題視したものであると言われてきた。しかし先述のとおり、イエズス会は奴隷売買のプロセスにおいて、紛れもなく一機能を担っており、それを秀吉は見逃していなかったのである。

イエズス会と日本人奴隷貿易の関係については、容認、禁令の問題を含め、本書の原書であるルシオ・デ・ソウザの著書（*Escravatura e Diáspora Japonesa nos Séculos XVI e XVII*『一六・一七世紀の日本人奴隷貿易とその拡散』）で詳しく扱われているものの、本書に訳出することはできなかった。別稿にてこれを詳らかにすることを期するものである。

補章　イエズス会と奴隷貿易

I　長崎の奴隷市場

史料からは、長崎がポルトガル船の入港する地として開かれる一五七〇年以前にも、薩摩の坊津や松浦氏の平戸などで、奴隷（倭寇によって掠奪されてきた中国人が多い）が取引されていたことが分かる。しかしながら、長崎開港以前には、九州のどの港にポルトガル船が来航するのか不明であったため、その市場は不安定であった。イエズス会士を仲介とした大村純忠とマカオの商人たちの契約により、一五七一年以降、マカオからの定航船は概ね長崎に入港することが決まった。これにより、日本人商人たちも、どこへ行けば交易品の商売ができるのか、知ることが可能になった。それは日本で「ヒト」を商う者たちにとっても、絶好の機会であった。

有名な秀吉の伴天連《バテレン》追放令（一五八七年）には、ポルトガル人が「大唐、南蛮、高麗」へ日本人を奴隷として連れ去っていることが挙げられている。なぜポルトガル人が日本でおこなう非人道的な行為が、「伴天連（イエズス会士）」の追放の根拠となるのであろうか。それは、この問題

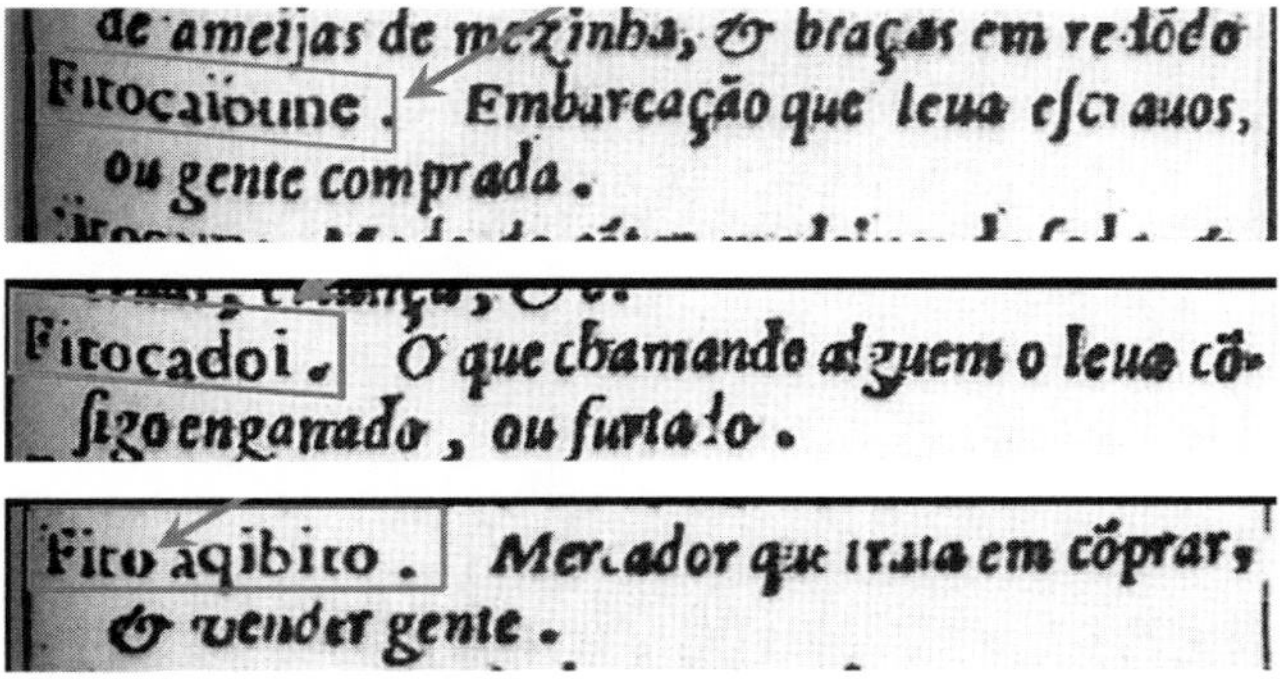
Fitocaioune. Embarcação que leua escrauos, ou gente comprada.

Fitocadoi. O que chamando alguem o leua cõsigo enganado, ou furtado.

Fito aqibito. Mercador que trata em cõprar, & vender gente.

図27　人身売買に関する日本語『日葡辞書』

にイエズス会が深く関与していたからに他ならない。

『日葡辞書』の語彙
——人身売買に従事する者たち

一六〇三年から一六〇四年にかけて、イエズス会が長崎で編纂した『日葡辞書』には、当時長崎で使われた、人身売買に関する語彙が散見される。日本語「ヒトカドイ（人勾引／Fitocadoi）」はポルトガル語で、「ある人を騙して、あるいは掠奪して連れて行く者」と説明されている（六九七ページ）。イエズス会準管区長ガスパール・コエーリョ（一五三〇～九〇）は、これらの者たち（日本人）が、ポルトガル商人の求めに応じて、いかに貧しい者たちを騙し、日本の様々な地域から長崎の奴隷市場へ連れてきたか語っている（一五八七年一〇月二日付書簡）[1]。コエーリョの記述からは、これらの「ヒトカドイ」たちは、人身売買をなりわいとする組織に身を置くもの以外に、いわば「素人」が仲買人に売り渡す例も含まれていたことが判明する。この「素人」とは、基本的には戦《いくさ》に参加する者たち（一時的な兵士）で、敵地で捕らえた人々を外国人に売るために、わざわざ彼らを長崎まで連れてくるのであった。さらには、貧しい親が子供を奴隷として売りに来ることがあることを、イエズス会士のルイス・フロイスは目撃していた。また、長崎へやってきて、自分自身を身売りする者もいた。彼らの中には、ポルトガル人の船に乗り込んでマカオへ行き、その後は逃亡するつもりの者もいた。それを察知していたポルトガル人には、「マカオへ到着したら、代金を支払う」と言って契約させ、そのまま奴隷にしてしまう者もいた。

ヒトカドイは、人が奴隷にされる場合、第一に接触する者たちであったが、彼らはほとんどの場合、外国人と取引する手段やルートを持たず、売買対象の人々は、「ヒトアキビト」へと売り渡された。『日葡辞書』（六九七ページ）では、「ヒトアキビト（Fitoaqibito）」は、ポルトガル語で「ヒトを売り買いする商人」と説明されている。ヒトアキビトは、ヒトカドイたちが連れてくる人々を、「正当な理由で奴隷になった」ように粉飾するための手続きをおこなった。さらに『日葡辞書』には、「ヒトカイブネ（Fitocaibune）」という単語があり、「奴隷あるいは誘拐した者を運ぶ船」と説明されている。

『日葡辞書』は、日本で生活する外国人のイエズス会士たちが使用する可能性のある言葉を選び集めて制作されたものである。すなわち、これらの言葉は、宣教師たちの日常の周辺に存在した言葉であった。

長崎のどこに奴隷市場があったのかは、史料からは分からない。奴隷を収容する場所はカーザ（casa／家）と呼ばれていた。ポルトガル人が交易した他の港町の絵図から考えると、そのような施設はおそらく港の近くの、その他の商品が集積する倉庫の一角にあったと考えられる。長崎の港湾労働者たちは、「るろう（rulo）」、あるいは「るすもり（rusumori）」と呼ばれていたが、彼らの仕事には主に艀を使って、岸から少し離れた海上に停泊するポルトガル船まで奴隷たちを運ぶ業務もあった。

外国人に対して「ヒト」を売る商人たちは、ほとんどが日本人であったと考えられるが、中には、仲買として買って、他の外国人に売りつける外国人商人もあった。彼らについての記録も、イエズス会士によるもので、このような外国人は長崎に留まらずに、日本各地の、より「ヒト」を安価に入手できる地域へとわざわざ出かけて行くのであった。[2] 筆者が調査した文献によれば、多くの日本人奴隷の出身地は、筑前、筑後、肥前、肥後、豊前、豊後、日向、大隅、薩摩であった。

奴隷の合法性　――正しい戦争

キリスト教の教えを弘めようとするイエズス会が差配する長崎で人身売買をおこなうには、売る側も買う側も、その正当性を確保する必要があった。そのために用いられたのが「正戦（iustitia belli / Guerra Justa）」の概念である。イエズス会士たちがこの概念を、長崎で人身売買がおこなわれることに対する合法性の確保に用いたことは、文献の端々に見受けられる。それらに拠れば、イエズス会士たちは、キリシタンに改宗した大名や武将の戦争で捕らえられた人々を「合法的な奴隷」と見なすことにしていたことが分かる。

しかし実際には、長崎に連れて来られて、そこで売買される人たちは必ずしも「合法的な奴隷」である必要はなかった。実際にはそのような証拠は必要とはされなかった。一五八七年、ガスパール・コエーリョは、「今年、当地で取引された奴隷が一〇〇名いたとして、誰一人として、合法的に奴隷にされた者はいない」と語っている（一五八七年一〇月二日付書簡）。すなわち、ポルトガル人が購入しても良いとされたのは「合法的な奴隷」に限られていたはずだが、実際にはその点は厳しく精査されず、市場で売られるために連れてこられた人々は、その合法性に関係なく取引されていた。コエーリョは同じ書簡で、毎年平均して一〇〇〇人以上の奴隷がマカオへ送られていると語る。これは、イエズス会が把握している数であり、それ以外にもより多くの奴隷がポルトガル人の船で国外へと運び出されたはずである。

奴隷の証書

奴隷をヒトカドイやヒトアキビトから購入したポルトガル人たちは、まず彼らを連れて教会へと向かった。奴隷に洗礼を受けさせるためである。そしてイエズス会の宣教師は、その場でその者の購入が合法であることを示す証書を発行した。ポルトガル人の習慣として、人身売買が正当なものとされるには、聖職者一名の署名が証書には必要であった。少なくとも文献からは、長崎の聖パウロ教会（通称岬の教会／日本イエズス会本部）でそれがおこなわれていたことが分かる。本書の冒頭で紹介した日本人の少年ガスパール・フェルナンデス・ハポンは、商人ルイ・ペレスに買われた後、ペレスと共に聖パウロ教会へ出向いた。そこで、聖パウロ教会に付属する高等神学校（コレジオ）の院長アントニオ・ロペスが少年ガスパールの売買について、その正当性を認める署名をおこなった。その証書には、ガスパールの奴隷契約期間は一二年間であることが明記された（本書序章参照）。

ガスパールだけではなく、別の日本人の少年テラマチ・トメの契約でも、同じ教会が証書の承認の場となっていたことが史料から判明する。トメはまだ幼い頃、戦乱中に捕らわれて人質となり、奴隷として売られることになった。彼は筑後の出身であるが長崎へ連れて行かれ、そこに住むあるキリスト教徒の日本人に売られ、聖パウロ教会で受洗した。[3] 当時、聖パウロ教会の敷地内にはもう一つ別の教会、被昇天の聖母マリア教会が建設中であったが、豊臣秀吉の命により、長崎代官寺沢広高がその教会を取り壊し、建築資材は名護屋に送られ、朝鮮出兵に転用されたことが知られる。

一五八七年、ガスパール・コエーリョは、ローマにいたイエズス会総長クラウディオ・アクアヴィーヴァに対し、奴隷取引の正当性を認める、イエズス会士による証書付与システムを告発した(一五八七年一〇月二日付書簡)。

パードレたちが中国へ向かう者たちに対して奴隷証書を発行することから、(ポルトガル)商人たちは大きな不正を日本人の奴隷の売人と共におこなっている。哀れな奴隷たちが船に積まれて海を渡っていくこの悲しい光景を目のあたりにし、大きな憐れみと悲しみを感じずにはいられない。

一五九六年八月一四日に長崎へ到着した日本司教ペドロ・マルティンス(?~一五九七)は、イエズス会が日本人奴隷の取引に深く関与していることを目の当たりにし、すぐさまその違法性を指摘した。彼はポルトガル人に対しても、日本人のキリシタンに対しても、非合法の奴隷取引に関わった者には破門を申し渡し、同時に一〇クルザード(銀約一〇両)の罰金を科すことを明言した。この方針は後任の司教ルイス・デ・セルケイラにも引き継がれた。

教会からの「破門」は、キリスト教徒にとっては重い法的処罰に等しい不名誉なことであったが、ポルトガル人商人たちは知己の宣教師に懇願して、「合法性」を認める証書を求め続けた。中には、煩雑になったプロセスを厭って、いかなる証書も付されていない奴隷をマカオへ連れ去る者も現れ始めた。このような商人たちは、マカオへ奴隷を連れ出してから、その地の聖職者たちから承認を得ようとしていたようである。教会関係者が日本で、いかなる奴隷取引の証書にも署名することが禁じられたのは、一五九八年のことであった。

イエズス会士たちが署名した奴隷契約の証書からは、二種類の契約、すなわち終身契約と年季契約があったことが認められる。

終身契約

終身契約では文字通り、奴隷となった者は他者の永久的な所有物となる。しかし、その購入に要した価格、もしくはそれ以上の資金を用意できれば、奴隷は自由の身を得ることができた。戦闘用の奴隷や賃金奴隷（労働の対価として受け取る報酬から所有者が一定額を徴収し、残りが奴隷本人の収入になる）には、たとえ終身奴隷であっても、自分の身に入る収入を蓄えて、身請け代を払うことができた者もいる。傭兵などの生死を賭けた仕事をする者や売春などに従事する者の中には、奴隷であっても高額な報酬（チップ）を手に入れることができる者もいた。一方で、いかなる報酬も受け取ることができない者もいた。これらの者は、所有者が亡くなる際に、遺言で解放される場合や、奴隷本人が高齢や病気になって、「用済み」として捨てられる場合を除いて、解放される機会はなかった。

年季契約

年季契約による労働は、日本社会でもよく見られた習慣であるが、イエズス会士たちは、過酷な終身契約を免除させる方法として、奴隷の年季契約を、しばしば優先的に扱った。ポルトガル人たちが奴隷を契約する場合、大半は終身奴隷を望んでいたが、イエズス会士たちは、年季を定めることを条件に、その証書に署名することにしていた。

基本的には、年季契約の奴隷たちは、年季が明ければ自由民になれるはずであったが、現実にはそうではない場合も多かった。多くの日本人が年季契約証書を持っていたのに、所有者の商人たちはその法的有効性を無視して、終身奴隷として彼らを別の者に転売することがあった。アルゼンチンで一五九六年、自分が終身奴隷ではないことを法廷に訴えた日本人の青年フランシスコはその一例である。

一六一二年、イエズス会総長から布教上の問題を解決する全権を委ねられたイエズス会巡察師フランチェスコ・パシオは、「イエズス会がすでに購入した従僕（モッソ）は、どのように彼らが捕らわれの身になったのか、調査で明らかにされる必要がある」と定めた。そしてその調査の結果、彼が「従僕」になるプロセスが正しいものではなかったと判断された場合は、その者が自分の身請け代を用意できるように準備させ、そのための奉仕年数も定めることとした。[4] この規則は、ポルトガル人が購入した従僕にも適用されたことが分かっている。[5]

イエズス会内部の奴隷

このパシオの記述からは、日本イエズス会という組織の中にも、カネで買われた「奴隷」的な人々が存在したことが分かる。彼らは、キリシタン史の研究では、「奴隷」であったことが意識されたことはない。宣教師の書簡では、「従僕（moço）」「奉公人（gente de serviço / moço de serviço）」と呼ばれ、カネで買われて、行動に制限がある（たとえば結婚や組織からの離脱が独断ではできない）点では、当時のヨーロッパ人の感覚では「奴隷」の範疇にあったと考えて差し支えない。ただし、日本人の「奴隷」に対するイメージとは大きくかけ離れたものであるから、違和感を感じる人もいるであろう。日本で「奉公」と呼ばれてきた労働形態は（近代のからゆきさん等も同じく）、ヨーロッパでは「奴隷」契約としてとらえられ得るもので、構造的にも近いことが認識されねばならない。

さて、このイエズス会内の「従僕」「奉公人」たちは、どのような存在であったのであろうか。日本のイエズス会士たちがヨーロッパへ向けて個々に発信していた書簡が、「日本年報」という形式で、各年の全体報告としてまとめて送られるようになった一五八〇年頃以降、日本の各地にあるイエズス会関連施設の在籍者数などもまとめて記されるようになった。たとえば、一五八三年の時点で、日本全国のイエズス会関連施設の在籍者は、約五〇〇人である。うち、ヨーロッパ人の宣教師と日本人の修道士（イルマン―イエズス会の正式会員）は合わせて八五人、中等神学校（セミナリオ）の学生は一〇〇人、宣教を補助する日本人同宿（宣教補助者で非会員）の数は五五人であった（一五八四年一月二日付フロイスによる『日本年報』）。残りは約二五〇人であるが、そこには俗人で教会内部の仕事をおこなう「小者」、宣教師のいない地域で信徒の世話をする「看坊」、宣教に関わらない雑事をおこなう「従僕」たちが含まれていた。このうち、行動の自由がない「従僕」は、かなりの数を占めていたと考えられる。

一五八九年、マカオにいた巡察師アレッシャンドロ・ヴァリニャーノの元に集められた情報からは、日本にいるイエズス会の正会員、すなわちヨーロッパ人司祭は三七人、ヨーロッパ人の修道士は一九人、日本人の修道士は六〇人、全員で一一六人であったことが分かる。五年ほどの間に、日本人の修道士の数がかなり増加したことが見て取れる。修道士、その他の日本人の数は年々増加し、十七世紀の初頭には、おおよそ一二〇〇人が、日本全国のイエズス会関連施設で働いていた。そのうちイエズス会正式会員（司祭・修道士）は、一二二人、日本人の同宿二五四人、その他の人々が八〇〇人を超えていた。やはり「その他」の数の圧倒的な多さが目を引くところである。

大規模な修道院は非常に多くの奉公人たちを抱えていたが、司祭が一人、修道士が一人いるだけのような小さな教会にも、三人までは奉公人を置いて良いと定められていた。[6] 宣教師の補助者で、実質的な布教者でもあった同宿は、幼児の頃に、奉公人として教会に預けられた子供が成長してなる場合が多く、子供の奉公人は「小僧」のような存在である場合も多かった。子供の頃に、イエズス会施設に「奉公人」として預けられ、最終的に司祭にまで昇格した人物に、伊予ジェロニモがいる。[7]

イエズス会内部からの奴隷貿易批判

マカオのイエズス会コレジオの院長を務め、ポルトガルでも指折りの人文学者として知られていたドゥアルテ・デ・サンデ（一五三一〜一六〇〇）は、天正少年使節を登場人物にした創作対話『デ・サンデ　天正遣欧使節記』（一五九〇年）において、日本人の少年たちに次のように語らせている。

ミゲル　（前略）我々としてもこのたびの旅行の先々で、売られて奴隷の境涯に落ちた日本人を親しく見た時には、道義をいっさい忘れて、血と言語を同じゅうする同国人をさながら家畜か駄獣かのように、こんな安い値で手放すわが民族への義憤の激しい怒りに燃え立たざるを得なかった。

マンショ　まったくだ。実際わが民族中のあれほど多数の男女やら、童男・童女が、世界中の、あれほど様々な地域へあんな安い値で攫《さら》って行かれて売り捌かれ、みじめな賤役に身を屈しているのを見て、憐憫の情を催さない者があろうか。（中略）

レオ　しかし人によってはこの罪の責任を全部、ポルトガル人や（イエズス）会のパードレ方へ負わせ、これらの人々のうち、ポルトガル人は日本人を慾張って買うのだし、他方、パードレたちはこうした買い入れを自己の権威でやめさせようともしないのだと言っている。

しばしば誤解されることであるが、『天正遣欧使節記』は、少年たちのヨーロッパへの旅を基にした知識・思想の形成を主題にしているが、人文学者サンデが創作したフィクションである。マカオでサンデはヨーロッパから帰国の途にあった少年たちと共に生活をしているから、少年たちが実際に語った言葉も含まれている可能性はあるが、基本的には少年たちの対話内容には、サンデ自身の思想が反映されていると考えるべきであろう。

このようなイエズス会内部からの批判もあって、長崎で取引される日本人の奴隷の数は減少していったが、さらにその大きな転機となったのは、商品としての他国籍の「ヒト」の圧倒的な増加、すなわち、秀吉の朝鮮出兵を契機とした、長崎の市場に生じた劇的な変化である。

Ⅱ　壬申倭乱

長崎で取引された非日本人奴隷のうち、人数的に最も多かったのは、秀吉が仕掛けた戦争により、朝鮮で生け捕りにされ、日本へ連行された人々である。長崎開港以前、薩摩の諸港で取引されたヒトには、倭寇によって中国から連行された人々が非常に多かった。その後、後期倭寇の衰退により、外国人に売られるヒトの国籍は、日本国内の戦乱の乱捕りで捕縛された日本人が圧倒的なシェアを占めるようになる。しかしながら国内の天下統一による戦国時代の終焉と、ほぼ連続して生じた朝鮮への出兵により、長崎には外国人へ売られる朝鮮人が溢れかえることになった。[8]

イエズス会と朝鮮人奴隷

イエズス会士たちにとっての問題は、キリスト教徒ではない秀吉の侵略戦争が「正戦」ではないこと、それにも関わらず、秀吉の家臣には小西行長はじめキリシタンの武将が少なくなく、動員された九州の大名、武将、さらにはその家臣たちにも多くのキリシタンが混ざっていたことであった。つまり彼らが朝鮮から掠奪した人々を長崎へ連行し、「奴隷」として外国人に売り払おうとする行為は、イエズス会が、公式には「奴隷貿易容認」の条件としていた「キリスト教徒による正しい戦争」の範疇にあるのか否かが大きな問題となったのである。

当時、ヨーロッパではアジアで活動するイエズス会士たちが、キリスト教神学的に、あるいは倫理的に重大な違反をおこなっているのではないか、ということが、イエズス会のアジアでの華々しい成果を妬む他の修道会の聖職者たちの間でも盛んに議論されていた。日本のイエズス会では、これらの問題について、彼ら自身で回答を出すのを避け、ヨーロッパの高名な神学者に見解を尋ね、「お墨付き」を得ることにした。これらの問題を神学的見地から検討したアルカラ大学の神学者ガブリエル・バスケス（イエズス会士　一五四九〜一六〇四）は、一五九八年、次のような回答を出している。[9]

【諮問】二七。正戦（iustitia belli）に関する疑問について。兵士たちがその主人に召集され、彼らが戦からあれらの略奪品を持ち帰り、結果として責任をもってそれらを所有すること、生け捕りにした者たちを合法的に奴隷にすることは許されるか否か。

【答申】二七。これらの兵士が得たものを違法と考えることはできない。なぜなら、彼らはその主人に召集されたのであり、その戦争自体が不正であるとする明確な根拠が存在しないからである。それゆえ、彼ら［イエズス会の神父］は、少なくとも今回の件に関し目を瞑《つむ》ってもよい。

つまりバスケスの回答は、兵士は単に主人の命令に従っただけで、戦争が不正なものであることは彼らには測りようがない（罪の意識がない）ため、略奪品や捕虜行為が違法とされる神学的根拠はない、というものであった。これにより、イエズス会士たちは、長崎でポルトガル人が朝鮮人の捕虜を購入することを案じる必要はなくなった。であるにもかかわらず、日本司教ルイス・デ・セルケイラ（一五五二～一六一四）は、バスケスの見解に異議を唱え、秀吉の朝鮮は「非正」で、生け捕りにされた朝鮮人を奴隷にすることも違法であると強く主張した。イエズス会総会長の声がかりで、他の問題に関しても現場のイエズス会に対して最大限に好意的な回答を与えたバスケスの見解に異を唱えるほどに、長崎の現場で目撃される状況は凄惨であったのであろう。

スペイン人宣教師グレゴリオ・デ・セスペデス（一五五一～一六一一）は、秀吉配下のキリシタン武将の魂を慰め、キリシタンの戦死者を埋葬する目的で、一五九三年一二月二七日に朝鮮半島へ渡った。彼はその戦の凄惨さと掠奪される人々の悲惨な姿を目のあたりにし、日本のイエズス会に宛てて報告書を書き送った。セスペデスが朝鮮から送った情報は、当時の日本準管区長ペドロ・ゴメスを通じて、一五九四年三月二二日付書簡でローマへと届けられている。[10]

キリシタンの朝鮮人

朝鮮人捕虜が奴隷として売買されることは、神学的には問題がないと判断されたものの、実際に長崎にいるイエズス会士たちは、そこで目の当たりにする惨状をただ眺めているだけではなかった。司教セルケイラは、奴隷貿易に携わる者たちに厳しく目を光らせ、イエズス会が資金を援助して、多くの朝鮮人奴隷を日本人キリシタンに購入させるように指示した。[11] 一六〇〇年、長崎で印刷された『どちりなきりしたん』の「第十二　この外キリシタンにあたる肝要の条々。」では、キリスト教徒がおこなうべき慈悲の行十四箇条が記され、その第六箇条では、キリスト教徒の日本人は、慈悲の行として、「囚はれ人の身を請くる事」が示されている。

当時、長崎の聖パウロ教会では大勢の朝鮮人が洗礼を受けたが、その多くが敬虔なキリスト教徒となった。たとえば一五九六年一二月三日付日本年報では、同年の復活祭の期間中、聖パウロ教会の近くで朝鮮人グループが夜間に鞭打ち業をおこない、司祭や修道士たちを大変驚かせた、とある。[12] フロイスは、三〇〇人以上の朝鮮出身の男性奴隷、女性奴隷たちが一五九四年に受洗し、一五九六年には長崎住民の家々に仕えることができた、と伝えている。

さらに、イエズス会は長崎の朝鮮人のためにセミナリオを設立した。それはすでに視野に入れていた朝鮮での布教活動に役立てるためでもあった。イエズス会の他、ドミニコ会やフランシスコ会も、長崎に住む朝鮮人たちを援助した。ドミニコ会が長崎で組織した「ロザリオの組」には、朝鮮人に特化したものがあった。江戸幕府の禁教・迫害が始まってからは、この組の会員がドミニコ会士らを匿《かくま》い、長崎やその周辺のキリスト教徒に対する潜伏布教を助けた。

長崎に連行される年少の朝鮮人の中にはイエズス会のセミナリオで養育され、その後、布教の重要な働き手となった人々がいる。明石ジエモン・カイオは、一五七一年に朝鮮で生まれ、生け捕りにされて長崎へ連行された。その後、日本人キリシタンの貴人（明石全登《あかしてるずみ》の関係者）に買われ、京都で受洗した。後にイエズス会の同宿となり、宣教師に伴って九州の高久、大坂、堺で布教に従事した。その間に高山右近と親交を深め、キリシタン禁令により右近と共にマニラへ渡ったが、右近の死後は長崎に戻り、一六二四年に捕らえられて殉教した。[13]

イエズス会には朝鮮人同宿、ビセンテ・カウンもいた。彼は一五七九年に朝鮮で生まれ、一五九五年、朝鮮にいたグレゴリオ・デ・セスペデスに伴われて長崎へ来た。長崎ではイエズス会のセミナリオに入り、その後、北京へ送られた。そして、中国から朝鮮に入って、同地域での布教を開始する予定であったが、それは実現せず、最終的に日本へ戻り、一六二六年七月二〇日、長崎にて生きたまま火刑に処された。[14]

日本に連行された朝鮮人たち

イエズス会士ルイス・フロイスは、一五九三年一二月だけで、イエズス会士が長崎で洗礼を授けた朝鮮人は一〇〇人に上ったと語っている（フロイス『日本史』第三部三五章、邦訳第一二巻）。さらにフロイスは別の報告で、イエズス会の神父たちが一五九四年に有馬、大村、長崎の各地において二〇〇〇人以上の朝鮮人に洗礼を授け、一五九五年にはさらに多くの朝鮮人が受洗した、と述べている。[15]

長崎に連行された朝鮮人奴隷は、労働力として貴重で、市場でも高値がつく若者が多かった。また子供の捕虜も多くいた。たとえば一五八四年に朝鮮で生まれたカメという名の子供は、一五九二年に八歳で長崎へ連れてこられ、一六四二年の時点では、長崎の平戸町に住んでいた。[16]

奴隷の大半は長崎に到るまでに、他の地域へまず連行された。ジンザエモンと呼ばれた長崎に住む日本生まれの朝鮮人男性は、父も母も大村に連れてこられた朝鮮人で、そこで洗礼を授けられたと話している。父は一六三三年に長崎で亡くなったが、母は一六四三年には長崎でまだ存命していた。

朝鮮人女性

日本に滞在していたスペイン人のアビラ・ヒロンは次のように回顧している。

一五九七年、太閤様が朝鮮王国に対し戦争を仕掛けた際、日本へ数多くの朝鮮人奴隷を連れてきたが、その多くが女性であったことを私は覚えている（アビラ・ヒロン『日本王国記』[17]）。

十六世紀末に日本にやって来たフィレンツェ商人、フランチェスコ・カルレッティは、日本の市場で見た朝鮮人の奴隷について、次のように語っている。

あらゆる年齢の男性、女性が数多く奴隷として持ち帰られた。その中には美しい女性たちもいた。誰もが非常に安い値で売られ、私自身も五人もの奴隷をわずか一二エスクードで手に入れることができた。[18]

朝鮮半島に渡った兵士たちの手で、多くの女性が日本へ連行されたことにより、長崎の奴隷市場には大きな変化が生じた。まず、商品としてのヒトの過剰な供給により、これまで日本人を長崎へ連れてきて売ることを生業にしていたヒトカドイやヒトアキビトの利益は大きく減少したはずである。さらに、毎年連行されてくる何千もの捕虜を収容するために、長崎市内に新しい町を作る必要が生じた。そのために高麗町と、それと平行する今石灰町が新たに開発され、そこには新しい遊郭が生まれた。それまで長崎の主な遊郭は博多町にあり、遊女の置屋と酒場が軒を連ねていた。長崎の繁栄とそれに伴う中世日本最大の港町博多の没落によって、多くの博多商人が長崎へ移り、あるいは支店を構えたことが知られるが、彼らと共に、遊女たちも長崎へ移動してきたと考えられる。

レイニアー・ヘスリンクの研究によると、長崎の遊郭はまず、長崎のミゼリコルディア（慈善院）があった通り（詳細な場所不明）に誕生した。そのため、ミゼリコルディアを運営する教会関係者たちは、風紀上の理由でその存在を問題視していた。それもあってか、この日本人の遊郭は十六世紀末、博多町に移動したと考えられる。今石灰町と、新紙屋町に生まれた遊郭は、朝鮮人女性を供する場所として知られていた。新しくできた遊郭と旧来の博多町の日本人遊郭は互いに競い合っていた。新しくできた新高麗町にも朝鮮人女性の遊女屋があったので、これらの遊郭は繁栄したのであろう。[19]

日本に連行された適齢の女性の多くは遊女とされ、商人や船乗りたちの相手をした。これらの女性の中には、相手の商人に気に入られてマカオまで同伴され、さらにその後アジアの他の港町へと移動していく者もあった。商人の愛妾となったこれらの女性の中で有名な事例は、一六一二年にインド副王使節として来日したフィレンツェ人のオラティオ・ネレッティとの間に子をもうけた朝鮮人女性であろうか。彼らの間に生まれたアントニオ・ネレッティは、長崎奉行所の南蛮通辞に採用され、ポルトガル語の交易関係史料にもたびたび登場している。[20]

ヘスリンクが紹介した史料に示される長崎の朝鮮人女性の中には、日本人の男性と結婚し、家庭を持ったことが知られている者もいる。一例を挙げると、一五八二年に生まれた朝鮮人女性は、長崎の島原町に連行され、その町で諫早《いさはや》生まれのゴンザエモンと知り合い、一六〇六年以降、長崎の築町に住んだ。この夫婦にはシチゾウという息子が生まれ、シチゾウは日本人女性と結婚した。

平戸生まれの日本人ジンスケの妻は一五七四年に朝鮮で生まれた。一五九一年、一七歳で長崎へ連れてこられ、今町に居住した。この町で自由民となり、日本人男性ジンスケと夫婦になった。別の日本人マゴエモンは、朝鮮人の元奴隷の女性と結婚した。この女性は若い頃日本へ連行され、一八歳であった一六〇〇年から長崎に住んでいた。

ポルトガル船で運ばれた奴隷の大半は日本へ戻ることはなかったが、朝鮮人奴隷の中には長崎で売られ、マカオへ運ばれた後、日本へ戻ったケースもいくつか確認される。たとえば、一朝鮮人女性（姓名不詳）は、一五九九年、一〇歳で奴隷として肥後の八代に連行された。一六一一年、長崎で売られマカオへ行ったが、一六一六年には長崎へ戻り、外浦町で生活した。この時点ですでに自由民で、同じ頃にカワサキヤ・スケエモンノジョウという元奴隷の朝鮮人男性と結婚した。

スケエモンノジョウは一五九四年、一二歳の頃に、備前へ連れてこられたが、その後解放されて、一六一四年から長崎の上町に住むようになった。この夫妻には、タツ、イノスケという子供が生まれている。

マカオの商人、ペドロ・デ・レボルドの遺言状には、彼がかつて所有していた二人の朝鮮人女性に関する記述がある。レボルドは、すでに他の人に売った朝鮮人女性アンジェラに自分の遺産からレアル貨で二〇ペソ与え、別の朝鮮人女性エレナに同額を与えることを遺言状に明記させた。彼女たちはレボルドの使用人または愛妾であったと考えられるが、すでにレボルドは他の裕福なポルトガル人に有償譲渡しており、これは営利目的ではなく、次の「働き先」を自分の生前に用意しようとする愛情であったようにも思われる。[21]

ジュリア・おたあ

朝鮮人女性ジュリア・おたあは、この時期に日本へ連行された朝鮮人女性では、最も有名な人物であろう。ジュリアの経歴については、一六〇五年のジョアン・ロドリゲス・ジランによるイエズス会日本年報に詳しく書かれている。元々は朝鮮の高貴な家柄の出身で、戦乱で生け捕りにされた後、小西行長の元で養育されたという点では、すでに挙げた女性たちの人生とは大きく異なる境遇にあった。関ヶ原の合戦で小西家が滅亡した後は、徳川家の侍女に入り、家康にも気に入られていたと言われる。江戸幕府の禁教令（一六一二年）後も信仰を棄てなかったことにより、伊豆諸島へ島送りとなった。その後の人生については諸説あり、定かではない。

Ⅲ　長崎のアフリカ人奴隷

一五七三年から一五七四年の間に、明朝当局は、マカオ半島を広東省と繋ぐ地帯（関閘）に検問所を設けた。その役割は外国人の居住区と中国本土の境を明確にし、外国人、中国人双方の自由な往来や密貿易を防ぎ、滞留する外国人への食糧供給などを管理するためであった（この方針は実際にアヘン戦争前夜、清朝がマカオの外国人を困窮させるために実行した）。さらには、ポルトガル人の元から「黒鬼（肌の黒い獰猛な人）」が中国大陸へと逃げ込むことを防止するためでもあった。その項目が中国の史料に示されるという事実は、実際にはそのようなことがしばしば生じていたことを示す。「黒鬼」は、主に東アフリカ出身者を示したと考えられる。[22] インド洋を広く交易するグジャラート商人たちは、ゴアなどに高値で売れる黒人をたくさん連れてきたし、ポルトガル人たちも東アフリカの沿岸航海で立ち寄る各港で、多くの奴隷を入手した。彼らは傭兵や船乗りとして貴重な労働資源であった。モザンビーク島で取引される黒人奴隷の値段については、次のような記録がある。

ポルトガル人たちがいるこの島には、多大な尊敬を受けている船長（ドン・ペドロ・デ・カストロ）が指揮する一要塞がある。この島の長さはおよそ三マイルで、そこにポルトガル人と現地民が住んでいる。現地民らはカフル人と呼ばれる黒人で、普段彼らは服を着ないで生活している。この島は、ここからも見える大陸の隣に位置している。こうした人々の中にはキリスト教徒もいれば、異教徒もいる。（中略）この島にはこうした黒人で一杯になった船がやってきて、ポルトガル人たちは彼らを購入している。子供、女性、男性の値段はそれぞれ五、六、七エスクードである。時に、一五人まとめて、一人あたり二トスタンで買う。我々が乗る船では、一二〇〇人以上の奴隷が買われたようで、ポルトガル人たちは彼らに教義を教え、キリスト教徒に改宗させ、給与を与えることなく働かせている。[23]

このような黒人奴隷たちは、ポルトガル人の海洋ネットワーク上で広く移動し、マカオにも多数定住していた。

日本の歴史上、最も有名なアフリカ人は、「彌介」と名付けられ、信長に仕えたカフル人であろう。彼はモザンビーク出身であると考えられるが、モザンビークには多数の部族がおり、身体的特徴もそれぞれ異なるので、実際にどの部族の出身であったのか興味深い。宣教師一行と共に、彌介が京都へ赴いた際、市民は驚愕して大変な騒動となり、イエズス会が逗留していた施設に、見物人が殺到した。その混乱で、見物客にけが人や圧死する者まで出ている。信長の右筆であった太田牛一の『信長公記』にも、黒人彌介の皮膚の色が牛の皮膚のようで、年は二六、七歳であると書かれている。その記録には、彌介は穏やかな気性であると記される。信長の謁見を得る際、イエズス会巡察師ヴァリニャーノは彌介を同伴した。信長は彌介の皮膚の色が本物であるか確かめるため、上半身を裸にして、家臣にその体を洗わせた。彌介は黒いだけでなく背も高く、日本語も少し話すことができた。信長はイエズス会士に彌介の譲渡を交渉し、ヴァリニャーノはそれに応じた。以来、彌介は信長に仕えたが、本能寺の変の後、彼のその後は不明である。

一六〇七年頃、因幡鹿野藩（藩主亀井茲矩）に、黒坊がいたという記録がある。亀井氏が朝鮮出兵から連れて帰った者であるというが、詳細は不明である（『続無名抄』）。『日葡辞書』には、クロボウ（Curobô）はカフル人のことを指すと説明される。貿易船が頻繁に出入りする長崎には、ポルトガル船が停泊している期間、多くのアフリカ人が市中に出入りし、また中には定住する者もいた。

平戸イギリス商館のリチャード・コックス（一五六六～一六二四）が残した日記には、マヌエル・ゴンサルヴェスやジョルジ・ドゥロイスなどの長崎在住ポルトガル人が、しばしばカフル人の奴隷に手紙を持たせてコックスの元へ寄越したことが記されている。さらには、ポルトガル人の所有するカフル人たちは、しばしば平戸のオランダ商館へ逃げ込むことがあり、探索の依頼がコックスの元へ来たこともあった（『イギリス商館長日記』）。

コックス日記からは、長崎奉行長谷川藤広の弟藤継が、ジョルジ、ジョンという名のカフル人を所有していたこと、また平戸領主松浦隆信もアントニオという名のカフル人を所有していたことが分かる。一六一七年一一月の日記では、アントニオは松浦隆信から解放され、イギリス商館にいたものの、マニラからやってきたスペイン人が大金を払ってでもアントニオを買い入れたいと申し出てきたことが記されている。アントニオは日本語・ポルトガル語に堪能であったようで、交易における通訳者としての役割も期待されたのであろう。それでなくても屈強で珍しいカフル人を従者にすることは、日本人にとっては「富貴」や「威風」の象徴で、交易に関係する大名たちはこぞってその所有を望んだと思われる。

一方で長崎に住むカフル人たちは、飲酒や乱暴狼藉で度々市中で騒ぎを起こしていた。一六二五年、氏名不詳のカフル人が、長崎に住むスペイン人から窃盗を働き、盗品をある日本人に売ったことで長崎奉行所に訴えられた。[24] ヴェントゥーラという名前のカフル人は、長崎代官の末次平蔵に仕え、キリシタンや潜伏して活動するヨーロッパ人宣教師の所在を突き止めるための密偵として働いていた。[25] 江戸幕府の禁教令後、これらの長崎市中に定住するカフル人で、キリスト教の信仰を棄てなかった者には、日本人同様に殉教した者もいた。故郷から遠く離れた異郷で、キリスト教のために殉じた「黒い人々」の存在はほとんど知られていない。

増補新版　エピローグ

数奇な運命をたどった少年　――ダミアン

江戸幕府がマカオと断交した三年後、一六四二年一〇月二五日付で、ダミアン・デ・リマという名の裕福な日本人がマカオで遺言状を残した。彼の実際の死亡の日付は明らかではない。その職業は不明であるが、遺言状では彼が貸主の数種の債権抹消について言及しているから、商人であったと思われる。彼はイエズス会の聖パウロ学院の教会堂（マードレ・デ・デウス教会）、マカオの慈善院（ミゼリコルディア）への遺産からの寄付を明言し、聖パウロ学院での葬儀と教会床下への埋葬を希望した。ヨーロッパのカトリック社会では、教会への多額の寄進者は、墓地ではなく、教会床下への埋葬が許されていた。また葬儀は数人の司祭が行進して列席する、相当豪華なものを準備するよう依頼している。

この遺言状で最も驚くべき内容は、彼が自分の人生について語る部分である。彼は自分が一五八〇年代に、日本からポルトガルへ連れて行かれた（奴隷か召使いかは不明）ことを語る。さらに彼の主人はイグナシオ・デ・リマという日本―マカオ航路の船長であったという。イグナシオ・デ・リマは、イタリア人イエズス会士ヴァリニャーノの依頼で、天正少年遣欧使節をインドまで運んだ船長である。途中、使節の少年らと共に、マカオに数ヵ月間滞在している。であるとすれば、少年であったダミアンは、天正少年遣欧使節の少年らと共に、日本を旅立ったと考えて良さそうである。ただし、イグナシオが天正少年たちに同行したのはインドまでであるので、ヨーロッパまで一緒に旅したわけではない。

その後、いずれかの段階で、ダミアンもイグナシオと共にリスボンまで渡り、イグナシオを看取った後、おそらく日本へ戻るべく、マカオまで帰り着いた。リスボンからマカオへ戻ったのは、文面から一六一八年頃のことであったと考えられる。ダミアンは従僕としてイグナシオに仕えたが、イグナシオには子供がなく、ダミアンを自身の財産の継承者として指名した。それゆえ、日本人ダミアンは大金持ちになって、マカオへ戻って来たのである。ダミアンは自分の死に際して、遺産の大半を、マカオで暮らす、江戸幕府の禁教令で故郷を追われた日本人キリシタンのために喜捨すると明言している。ダミアンについては、この遺言状以外には、一六二六年の時点でマカオのポルトガル人住民登録に名前が見られる（本書第一章図13に紹介）。

天正遣欧使節の少年たちと共に旅立った、おそらくその少年たちよりもさらに幼少であった男の子が、ポルトガルまで渡り、成人して極東まで帰還したこと、裕福な商人となり、国を追われた日本人キリシタンのために財産を寄付したことは、この時代、日本人にとって世界が思いのほか遠い存在ではなかったこと、長い海外生活を経てもなお、故郷の人々に対して、「同郷」の誼を強く感じていたことを表している。

本書で描いた、奴隷として海を渡った人々の生涯は、ダミアンのように恵まれた人は稀で、戦乱の中で死んだ方がマシだと思うような生活環境にいた人が圧倒的であったかもしれない。それでも彼らはどのような環境でも「生きる」ことを選んだのであり、これまでの歴史研究上、ほとんど省みられることがなかった存在である彼らの、日常の喜びや悲しみがわずかながらでも後世の人に知られ、その存在を多くの人に身近に感じていただけたら、と願っている。

注記　遺言状の発見については、二〇一八年一月一一日読売新聞（首都圏版、中部版）朝刊で報道された。
所蔵：スペイン王立史学士院図書館　Biblioteca de la Real Academia de Historia, Madrid. 9-7238, fls.969-970.

あとがき

本書はポルトガルで出版されたルシオ・デ・ソウザの著書 *Escravatura e Diáspora Japonesa nos Séculos XVI e XVII*（『一六・一七世紀の日本人奴隷貿易とその拡散』）(*Braga;NICPRI-Núcleo de Investigação em Ciências Políticas e Relações Internacionais*, 2014, ISBN 978-989-98699-2-9）中の第一章・第二章を、吉田尚弘が翻訳し、岡美穂子がソウザとの調整のもと、日本で出版するにあたり、より理解しやすい内容・表現へと大幅に改稿したものである。

本書の元になった研究は、夫ルシオ・デ・ソウザが二〇〇五年頃から取り組んできたものである。日本では、岡本良知氏の研究発表以来、海外へ渡った日本人奴隷の存在は知られてはいたが、ともすればこの種のテーマは、実態が曖昧なまま、想像に任せた言説のみが独り歩きする傾向があった。

夫が研究を始めた頃には、実在を疑う人も少なくなかったポルトガル人による日本人を対象とした奴隷貿易であったが、丁寧な新出史料の分析とともに、国際的な学会などで発表を重ね、評価を得始めると、今度は逆に、研究テーマそのものや紹介した史料、研究手法を後追いする人々が現れ始めた。

本書の出版のきっかけは、二〇一三年に別件で取材に来られた読売新聞本社文化部の辻本芳孝記者（二〇一七年当時金沢支局）との雑談で、日本人奴隷に関する史料の話になったことであった。その後、この史料に関する研究を記事に取り上げてくださった辻本氏から、中央公論新社に紹介いただき、出版そのものは、まさにとんとん拍子に決まっていったのだが、二〇一四年四月に次女が生まれ、仕事と二人の娘の育児の両立に夫婦ともども疲弊し、とくに私の気力不足によって、なかなか前へ進むことができなかった。

もともとは、翻訳と編集作業は私が一人でおこなう予定であったが、結局のところ、ソウザの友人でポルトガル語翻訳家の吉田尚弘氏の助力を得て、ようやく原稿が形になった。ソウザの日本人奴隷に関するポルトガル語の著書は、実は本書の三倍の量があり、日本人の拡散の事例だけではなく、日本イエズス会の奴隷貿易との関わりや、ポルトガル当局による現状認識と、この問題に関する当局の法令など、重要な問題は、残りの部分に含まれている。吉田氏にはすでに翻訳を完成させていただいており、残りの部分の出版がこれから先の課題として存在するのだが、とりあえず本書の刊行によって、世間の声を聴きたいと願う。

戦国時代末期に海外へ渡った日本人のうち、史料に残るのはごくわずかな人々であり、私たちが想像するよりも、もっと大勢の人々が海外で生涯を終えたことと思う。そして海外でコミュニティを作ることもあった彼らは、平和な民ではなく、どちらかと言えば暴動などを起こす、不穏な民であると、各地の当局から見なされていたことも見逃せない。本書の中では具体的に取り上げてはいないが、江戸幕府が採る「寛永鎖国」のプロセスにも、海外在住日本人の問題が少なからず影響を与えたものと考えている。

これまで、歴史のダークサイドとして、ほとんど顧みられることのなかったテーマであるが、実際には、海外在住日本人の問題は、当時の日本を取り巻く国際環境の中で、非常に重要な要素であると考える。今後、新しい史料の発掘が進み、これらの人々の存在がむやみに煽動的に、あるいは後ろ暗いものとして語られることなく、日本史・世界史の歴史研究の重要な一テーマとして、市民権を得ていくことを願うものである。

最後に本書の刊行にあたり、中央公論新社学芸局の郡司典夫氏には、最初から最後まで丁寧に相談に応じていただき、改稿作業にも尽大なるご協力を賜った。また、史料編纂所の大橋明子さんには原稿に目を通していただき、校正もお手伝いいただいた。そして訳者として、高いプロ意識のもと、煩雑な作業を迅速に進めて下さった吉田尚弘氏は敬服に値する。記して謝したい。

岡　美穂子

本書は、次の日本学術振興会学術研究助成金の成果である。
スタートアップ支援（代表者 Lúcio de Sousa）二〇一四年～二〇一五年度　The Japanese Diaspora and the Slave Trade
若手研究B（代表者 Lúcio de Sousa）二〇一六年度～二〇一七年度　The Sephardic Diaspora and the East Asian Slave Trade
若手研究A（代表者 岡美穂子）二〇一四年度～二〇一七年度　アジア地域史研究資源としてのポルトガル編年史料典籍とモンスーン文書の研究

増補新版　あとがき

中公叢書『大航海時代の日本人奴隷』の初版が出版されたのは、二〇一七年四月のことである。その本の元になったソウザのポルトガル語の著書の中身は、実際には日本語版の倍以上もあり、おおよそ四章分を積み残す形で、日本で出版した。その理由は、本書に収載したような、一般の人にも親近感を持って読んでもらえる、個々のエピソード的な話ではなく、奴隷貿易をめぐる法や制度史的な、やや専門的な内容を含んでいたからである。「日本人奴隷」の存在に対する認知度が極めて低かった三年前に、それを含めて一般書にすることは躊躇われた。当初からこの本は、できるだけ多くの人に、できれば高校生などにも読んで欲しいと願っており、著者としては、取り扱いの難しい問題だけに、かなり敷居を下げて挑む必要があった。幸い本書は版を重ね、戦国時代に日本人が奴隷として海外へ渡った話は、「眉唾」とは言われなくなった。その意味で、最初の目論見は大成功であった。その後、ソウザが単独で *The Portuguese Slave Trade in Early Modern Japan-Merchants, Jesuits and Japanese, Chinese, and Korean Slaves* (BRILL, 2018) を刊行し、それを題材に取り入れた番組がBBCやNHKでも製作され、世界的にも極東でのポルトガル人の奴隷貿易の話が周知されるようになった。

日本人奴隷の存在が周知されるに従って、本書の所々に現れるイエズス会と奴隷貿易の関係が正面から取り上げられていないことに対する疑問もしばしば言われるようになった。ポルトガル語の原書では、実は二章にわたってその問題を論じているのだが、これも本書の初版には入れていない。イエズス会が奴隷貿易に「廃止論者」としての立場だけではなく、現実には大いに関わっていたという矛盾を明らかにすれば、少なからず波風が立ち、学術的ではない形で「炎上」することが予測されたからである。しかしながら、この間、本書の内容も取り込まれた、平川新『戦国日本と大航海時代　秀吉・家康・政宗の外交戦略』(中公新書)の刊行や日本で活動したイエズス会の裏の側面に光を当てたテレビ番組などの製作もあり、もう少し踏み込んだ研究を日本でも紹介するべきと考え、増補新装版の出版にあたり、この章を補論とすることに決めた。

新章を加えたものの、イエズス会が人身売買にどのように関わっていたのか、まだ明らかにはなっていない部分が多いと感じる。人身売買そのものについても、人によっては「より良い生活を得るため」の手段として肯定的な意見を主張する者もある。それでもやはり実情としては見るに堪えないものであり、後ろ暗い部分があったからこそ、それに関する史料も極端に少ないのである。

近代になって、奴隷制は西洋世界では表向き廃止となった。しかしながら、いわゆる発展途上と呼ばれる地域では、「奴隷」という呼称ではないにしても、限りなくそれに近い形態の労働は当然のごとく存在しており、またそれらの地域から「先進国」と呼ばれる地域（日本も含む）へ「出稼ぎ」として来ている人々にも、「奴隷的」な労働を強いられている人は少なからずいる。「奴隷制」を克服したはずの国々でも、実社会には歴然とした格差が残り、それは大きな社会問題となっている。人類の歴史を見る限り、「奴隷」はあらゆる場所に常に存在したし、今も存在している。蓋をして、見ないようにしているだけで、本当は現代の社会問題の基層と大いに関係している。不可視であるがゆえに、彼らの問題を論じようとしても、本質的な部分で共通認識が形成されておらず、個々が恣意的な意見に流れがちである。すべての現代社会の問題は歴史を知らずして本質を理解することはできず、歴史の問題は、学んで直視することによってしか解決できないのではなかろうか。

著　者

二〇二〇年一一月

Portuguese - Japanese Studies, vols. 18-19, 2009. Universidade Nova de Lisboa.
Yuuki, Diego S. J., *Benedict Fernandes, Japan, 1579-1633*. Macau: Territorial Commission of Macau for the Celebrations of the Portuguese Discoveries, 1997.

Idade do Comércio. Universidade de Macau, 2011.
SOUSA, Ivo Carneiro de, *A Outra Metade do Céu.* Saint Joseph Academic Press, 2011.
SOUSA, Lúcio de, "The Military Questions in the Commerce between Macau and Nagasáqui in 1587," *Review of Culture*, n.27,2008.
―― , *The Early European Presence in China, Japan, the Philippines and Southeast Asia, (1555-1590) — The Life of Bartolomeu Landeiro.* Macau Foundation, 2010.
―― , *The Jewish Diaspora and the Perez Family Case in China, Japan, the Philippines, and the Americas,* Macau Foundation, 2015.
SUBRAHMANYAM, Sanjay, *Courtly Encounters: Translating Courtliness and Violence in Early Modern Eurasia.* Cambridge: Harvard University Press, 2012.
TAKIZAWA, Osami(滝澤修身), "La delegación diplomática enviada a Roma por el Señor Feudal Japonés Date Masamune (1613-1620)", *Boletín de la Real Academia de la Historia,* Tomo 205, Cuaderno 1 (2008).
VILLADA, Luis G. Martínez, *Diego López de Lisboa.* Córdoba: Impr. de la Universidad, 1939.
WICKI, Josef S. J., "Die "Judeo-conversos" in der Indischen Provinz der Gesellschaft Jesu von Ignatius bis Acquaviva" *Archivum Historicum Societatis Iesu,* 46, 1977: 342-361.
ZHAO Chuncheng, *Monografia Abreviada de Macau.* Guangzhou: Edição da Editora do Ensino Superior de Cantão, 1988.

補　章

アビラ・ヒロン、ルイス・フロイス『日本王国記・日欧文化比較』岩波書店、1965年
大塚光信解説『日葡辞書　エヴォラ本』清文堂出版、1998年
岡美穂子『商人と宣教師　南蛮貿易の世界』東京大学出版会、2010年
五野井隆史『徳川初期キリシタン史の研究』吉川弘文館、1992年
ドゥアルテ・デ・サンデ『デ・サンデ天正遣欧使節記』泉井久之助訳、雄松堂書店、2002年（初版1969年）
ルシオ・デ・ソウザ「一六～一七世紀のポルトガル人によるアジア奴隷貿易」、中島楽章編『南蛮・紅毛・唐人』思文閣出版、2013年
Gomez, Luis Conzaga, *Macau: a municipality with History.* Macau: Loyal Senate of Macau, 1997.
Hesselink, Reinier H., "An Anti-Christian Register from Nagasáqui", *Bulletin of*

HESSELINK, Reinier H., "An Anti-Christian Register from Nagasáqui", *Bulletin of Portuguese - Japanese Studies* vols.18 - 19 (Lisbon, 2009).

IWAO, Seiichi(岩生成一), *Early Japanese Settlers in the Philippines.* Tokyo: Foreign Affairs Association of Japan, 1943 (Reprint in *Contemporary Japan*, vol. XI, Nos. 1-4).

LEE, Christina H., "The Perception of the Japanese in Early Modern Spain: Not Quite «The Best People Yet Discovered»", *eHumanista-Journal of Iberian Studies*, 11, 2008.

LOBATO, Manuel, *Comércio dos Portugueses na Insulíndia*. Lisboa: Instituto Português do Oriente, 1999.

MARTOS, Manuel Castillo, *Bartolomé de Medina y el siglo XVI*, Servicio de Publicaciones de la Universidad de Cantabria, 2006.

MEDINA, Juan Ruiz-de, "Gómez, Pedro," in Maria Antónia Espadinha, and Leonor Seabra (ed.) *Missionação e Missionários na História de Macau*. Universidade de Macau, 2005.

NELSON, Thomas, "Slavery in Medieval Japan", *Monumenta Nipponica* 59, No. 4, 2004.

MORALES, Francisco, *Ethnic and Social Background of the Franciscan Friars in Seventeenth Century Mexico*. Publications of the Academy of American Franciscan History, 1973.

OLIVEIRA, Francisco Roque de, "Cartografia antiga da cidade de Macau, c. 1600-1700: confronto entre modelos de representação europeus e chineses", *Scripta Nova. Revista Electrónica de Geografía y Ciencias Sociales*, vol. X, núm. 218 (53), 2006.

PAGES, Léon, *Histoire de la Religion Chrétienne au Japon depuis 1598 jusqu'à 1651 comprenant les faits relatifs aux deux cent cinq martyrs béatifiés*, 2 vols. Paris: Charles Douniol, 1867.

PADRÓN, Francisco Morales, *Memorias de Sevilla. (Noticias del siglo XVII)*. Córdoba: 1981.

PORTILLA, Miguel León, "La embajada de los japoneses en México: El testimonio en náhuatl del cronista Chimalpahin" in Javier Wimer (ed.) *El Galeón del Pacífico, Acapulco-Manila 1565-1815*. Instituto Guerrerense de Cultura, Gobierno del Estado de Guerrero, 1992.

REYES, Melba Falck,& Héctor Palacios, "Japanese Merchants in 17th Century Guadalajara", *Revista Iberoamericana*, 22, No. 2, 2011.

SEABRA, Leonor Diaz, *O Compromisso da Misericórdia de Macau de 1627*. Universidade de Macau, 2003.

——, *A Misericórdia de Macau (Séculos XVI a XIX) Irmandade, Poder e Caridade na*

en Japon". Apêndice a Alessandro Valignano, *Adiciones del Sumario de Japon*, Sophia University,1970.

AMARO, Bébio Mario, "Nagasaki as Emporium: History and Social Composition in its Initial Years," in *Vanguards of Globalization: Port Cities from the Classical to the Modern*, Primus Books, 2014.

ASSADOURIAN, Carlos Sempat, *El Tráfico de Esclavos en Córdoba, 1588-1610*. Córdoba (Argentina): Universidad de Córdoba, 1965.

——, *El Tráfico de Esclavos en Córdoba de Angola a Potosí, siglos XVI-XVII*. Córdoba (Argentina): Universidad de Córdoba, 1966.

BORAO, José Eugenio, "The Massacre of 1603: Chinese Perception of the Spanish on the Philippines", *Itinerario*, vol. 23, No. 1, 1998.

——, "La colonia de Japoneses en Manila en el marco de las relaciones de Filipinas y Japón en los siglos XVI y XVII", *Cuadernos CANELA*, nº 17, 2005.

BOXER, Charles, *"Antes quebrar que torcer" ou pundonor português em Nagasaqui, 3-6 de Janeiro de 1610, Macau*. Macau: Instituto Português de Hong Kong-Imprensa Nacional, 1950.

CHÁVEZ, Claudia Paulina, "El alcalde de los chinos en la provincia de Colima durante el siglo XVII: un sistema de representación en torno a un oficio", *Letras Históricas*, No. 1 (Otoño-Invierno 2009).

CRUZ, António João Cruz, "A teia de um crescimento-Viseu do séc. XVI ao séc. XX," *Programa da Feira Franca de S. Mateus* (Viseu: Câmara de Viseu, 1986).

ELISONAS, Jurgis, *Christianity and the Daimyo*, John Whitney Hall, Marius B. Jansen, Madoka Kanai, Denis Twitchtt (ed.) *The Cambridge History of Japan: Early Modern Japan*. vol. IV, Cambridge University Press, 1991.

FONSECA, Jorge, *Escravos e Senhores na Lisboa Quinhentista*, COLIBRI, 2010.

GALLEGO, Elena, "El legado humano de la mision Hasekura", *Cuadernos CANELA*: 29.

GIL, Juan, "Chinos en España en el siglo XVI", *Stvdia*, 58/59 (2002): 11-43.

——, *Hidalgos y Samurais: España y Japón en los siglos XVI y XVII*. Madrid: Alianza Editorial, 1991.

JIN Guo Ping, Wu Zhiliang, "A (des) canibalização dos portugueses", *Revista de Cultura*, n. 16, 2005.

GÓMEZ, Fernández, *La Embajada Japonesa de 1614 a la Ciudad de Sevilla*. Sevilla: Comisaría de la Ciudad de Sevilla para 1992- Ayuntamiento de Sevilla, 1991.

HAYASHIYA, Eikichi(林屋永吉), "Los japoneses que se quedaron en México en el siglo XVII. Acerca de un samurai en Guadalajara", *México y la Cuenca del Pacífico*, vol. 6, No. 18 (jan.– abr. 2003).

参考文献

岩生成一『続　南洋日本町の研究』岩波書店、1987年
岩生成一「松倉重政の呂宋島遠征計画」『史学雑誌』45の9、1934年
大城徹三『日本移民発祥の地コルドバ――アルゼンチン・コルドバ州日本人一一〇年史』らぷらた報知社、1997年
大泉光一『メキシコにおける日本人移住先史の研究――伊達藩士ルイス・福地蔵人とその一族』文真堂、2002年
岡本良知『十六世紀日欧交通史の研究』原書房、1974年（初版1942年）
鹿毛敏夫『アジアのなかの戦国大名――西国の群雄と経営戦略』吉川弘文館、2015年
北原惇『ポルトガルの植民地形成と日本人奴隷』花伝社、2013年
下重清『〈身売り〉の日本史――人身売買から年季奉公へ』吉川弘文館、2012年
高瀬弘一郎『キリシタン時代対外関係の研究』吉川弘文館、1994年
――『モンスーン文書と日本――十七世紀ポルトガル公文書集』八木書店、2006年
――『大航海時代の日本――ポルトガル公文書に見る』八木書店、2011年
藤木久志『新版 雑兵たちの戦場――中世の傭兵と奴隷狩り』朝日選書、2005年
藤田緑「日本史における「黒坊」の登場――アフリカ往来事始」東大比較文学会『比較文学研究』51号、1987年
メルバ・ファルク・レジェス、エクトル・パラシオス『グアダラハラを征服した日本人――一七世紀メキシコに生きたフアン・デ・パエスの数奇なる生涯』服部綾乃、石川隆介訳、現代企画室、2010年
ルシオ・デ・ソウザ「一六～一七世紀のポルトガル人によるアジア奴隷貿易――ヴィクトリア・ディアス　ある中国人女性奴隷を追って」小澤一郎、岡美穂子訳、『南蛮・紅毛・唐人　一六・一七世紀の東アジア海域』中島楽章編、思文閣出版、2013年
レオン・パジェス『日本切支丹宗門史』吉田小五郎訳、岩波文庫（初版1940年）
渡邊大門『人身売買・奴隷・拉致の日本史』柏書房、2014年
ADACHI, Nobuko（足立伸子）, *Japanese and Nikkei at Home and Abroad: negotiating identities in a global world, Amherst.* NY: Cambria Press, 2010
ALVAR, Manuel, *Nebrija y Estudios sobre la Edad de Oro.* Madrid: Consejo Superior de Investigaciones Científicas, 1997.
ÁLVAREZ-TALADRIZ, José Luis, "Apuntes sobre el Cristianismo y la Esclavitud

West-Indies; Syria, Jerusalem, and the Holy Land. London: Printed for William Nowton, 1696.

MORGA, Antonio de, *Sucesos de las Islas Filipinas.* Mexico: 1609 (repr. Manila, 1961).

OÑATE, Alonso, "Palavras de Alonso de Oñate — procurador general de los mineros y proprietario de minas en Ixmiquilpan — (1585?)", Manuel Castillo Martos, *Bartolomé de Medina y el siglo XVI.* Santander: Servicio de Publicaciones de la Universidad de Cantabria, 2006.

SASETTI, Filippo Sassetti, *Lettere edite e inedite di Filippo Sassetti raccolte e annotate da Ettore Marcucci.* Firenze: Felice le Monnier, 1855.

SCIPIONE AMATI, Romano, *Historia del regno di Voxv del Giapone, dell'antichita, nobilta....* Roma: Appresso Giacomo Mascardi, 1615.

SHÜTTE, Josef Franz, S. J., *Monumenta Missionum Societatis IESU — Monumenta Historica Japoniae I — Textus Catalogorum Japoniae 1553-1654.* Rome: Monumenta Histórica Societatis IESU a Patribus Eiusdem Societatis Edita, 1975.

SOLIER, François, *Histoire Ecclesiastique des Isles Et Royaumes du Japon*, vol.1, Paris: Sébastian Cramoisy, 1627

WICKI, Josef, S. J. (ed.), *Documenta Indica.* vol. XII, XVI, Roma: Monumenta Historica Societatis Iesu, 1972, 1984.

—— *Archivo Portuguez-Oriental.* Fascículo 4º, Nova Goa: Imprensa Nacional, 1862.

—— *Archivo Português-Oriental.* Fascículo 1º, parte 2ª, Nova Goa: Imprensa Nacional, 1876.

COLIN, Francisco, *Labor Evangélica de la Compañía de Jesús en las Islas Filipinas por el P. Francisco Colín de la misma Compañía.* Vol. I, Barcelona (1663): Imp. de Henrich y Compañia, 1904, 300-301, II.

CONTRERAS, Miguel de, Noble David Cook e Mauro Escobar Gamboa (ed.), *Padrón de los indios de Lima en 1613: padrón de los Indios que se hallaron en la Ciudad de los Reyes del Perú hecho en virtud de Comissió del Excmo. Sr. Mrqs. de Montes Claros, Virei del Perú.* Lima: Universidad Nacional Mayor de San Marcos, Seminário de Historia Rural Andina, 1968.

FROIS, Luís, WICKI, Josef, S. J. (ed.), *Historia de Japam.* vol. 2, Lisboa: Biblioteca Nacional, 1983.

GOMES DE BRITO, Bernardo, *História Tragico-Maritíma.* vol. V, Lisboa: Escriptorio Rua dos Retrozeiros, 1905.

GUINOTE Paulo, Eduardo FRUTUOSO, António LOPES, *Naufrágio e outras perdas da "Carreira da Índia" séculos XVI e XVII,* Lisboa: Grupo de Trabalho do Ministério da Educação para as Comemorações dos Descobrimentos Portugueses, 1998.

HAKLUYT, Richard, *The Principal Navigations, Voyages, Traffiques & Discoveries of the English Nation.* Vol. XI, New York: AMS Press Inc., 1965.

LAVAL, François Pyrard de, *Voyage de François Pyrard de Laval: contenant sa navigation aux Indes orientales, Maldives, Moluques, et au Bresil, et les divers accidens qui lui sont arrivez en ce Voyage pendant son séjour de dix ans dans ces Pais .... Avec des Observations géographiques sur le present Voyage... / par le Sieur du Val, Géographe ordinaire du Roy.* vol. II, Paris: Billaine, 1679.

LOBO, Francisco Alexandre, "Memória Historica e Critica á cerca de Fr. Luiz de Souza e das suas Obras", *Memorias da Academia Real das Sciencias de Lisboa*, Lisboa: Typografia da Academia (1823),

MATOS, Gabriel de, *Relaçam da Persegviçam que teve a Christandade de Iapam desde Mayo de 1612 atè Novembro de 1614 — Tirada das cartas annuaes que se enviarão ao Padre Geral da Companhia de IESV — Composta pollo P. Gabriel de Matos da Companhia de IESV, Procurador da China, & Iapão, natural da Videgueira.* Lisboa: Officina de Pedro Crasbeeck, 1616.

MENDES PINTO, Fernão, Fernando António Almeida (ed.) — *Um Aventureiro Português no Extremo Oriente.* Almada: Câmara Municipal de Almada, 2006.

MOCQUET, Jean, *Travels and Voyages into Africa, Asia, and America, the East and*

Jesuítas na Ásia, Códice 49-V-3

◆ BFUP（Biblioteca Filmoteca Ultramarina Portuguesa／海外領土史料館、ポルトガル）
Arquivo Ultramarino, Ficheiro 2, Gaveta 1, Divisão 9-10, 26-27 | 2/1

◆ BPADE（Biblioteca Pública e Arquivo Distrital de Évora, Portugal／エヴォラ公立図書館・文書館、ポルトガル）
Fundo Notorial, Évora, Liv.36
Papéis de Dom Francisco Mascarenhas, Códice 11 (Códice CXVI-2-5)

◆ BRAH（Biblioteca de la Real Academia de la Historia de Madrid, Spain／王立史学士院図書館、スペイン）
Cortes 566, Maço 21

古典籍・刊行史料集

ルイス・フロイス『日本史』松田毅一・川崎桃太訳、第8・10・11巻、中央公論社、1978-79年。

東京大学史料編纂所編『大日本史料　第十二編之十二』1982年。

ALVARES, Thomaz, *Advertencias dos meios para preservar se da peste.* Lisboa: Typografia da Academia, 1801.

BARROS, João de, *Decada Primeira da Asia*. Lisboa: Impressa por Jorge Rodriguez, 1628.

BOCARRO, António, *Década 13 da História da Índia*. Lisboa: Academia Real das Sciencias, 1876.

BRAGA, José Maria, *Jesuitas na Ásia*. Macau: Fundação de Macau, 1998.

BRY, Hans-Theodor e Hans-Israel de (eds.), *Petits Voyages.* vol. 8, Frankfurt-am-Main: 1606 [ed. German] e 1607 [ed. Latin].

BULHÃO PATO, António de, *Documentos Remettidos da India*. Tomo II, Lisboa: Typografia da Academia Real das Sciências, 1884.

CARLETTI, Francesco, *Ragionamenti di Francesco Carletti fiorentino Sopra Le Cose Da Lui Vedute Ne' Suoi Viaggi Si Dell'Indie Occidentali, e Orientali Come d'Altri Paesi*.... Firenze: Giuseppe Manni, 1701.

CUNHA RIVARA, José Heliodoro da, *Archivo Portuguez-Oriental* (doravante APO). Fasc. 3, parte 2, Nova Goa: Imprensa Nacional, 1861.

ミゼリコルディア文書館、ポルトガル)
H, Bco. 6, nº 17

◆ ANTT (Arquivo Nacional Torre do Tombo, Portugal／トルレ・ド・トンボ国立文書館、ポルトガル)
Chancelaria de D. João III, Privilégios, Liv.5
Chancelaria de D. Filipe I, Doações, Livro 21
Compromisso da Irmandade da Nossa Senhora do Rosário dos Homens Pretos, 1565
Fundo Paroquial, Lisboa, Paroquia da Conceição, Liv. 1 de Mistos (MF 988)
Fundo Notorial, Cart.1, Cx.7, Liv.35
Fundo Notorial, Lisboa, Cart.7A, Cx.4, Liv.16
Fundo Notorial, Lisboa, Cart. 11, Cx.6, Liv.21
Fundo Notorial, Lisboa, Cart. 12 A, Cx.1, Liv.3
Fundo Notorial, Lisboa, Cart.7A, Liv.87
Fundo Notorial, Lisboa, C.17, Cx.4, Livro 16
Inquisição de Lisboa, Processo de Leonor Fonseca nº13360
Ms. da Livraria, nº 805
Paróquia da Conceição, Registo de Mistos, Livro dos Defuntos
Paróquia da Pena, Registo de Casados

◆ ADS (Arquivo Distrital de Setúbal, Portugal／セットゥーバル地方文書館、ポルトガル)
Fundo Notorial, Almada, Livro 1/4

◆ AHPC (Archivo Histórico de la Provincia de Córdoba, Argentine／コルドバ歴史文書館、アルゼンチン)
Registro 1, Año 1596-7

◆ ARSI (Archivum Romanum Societatis Iesu, Italy／ローマ・イエズス会文書館、イタリア)
Jap Sin 3
Jap Sin 16 II-b
Jap Sin 113

◆ BNL (Biblioteca Nacional em Lisboa, Portugal／リスボン国立図書館、ポルトガル)
Cota FG801

◆ BAL (Biblioteca da Ajuda, Lisboa, Portugal／アジュダ図書館、ポルトガル)

文献

一次史料

◆ AGI（Archivo General de Indias, Spain／インディアス文書館、スペイン）
Contratación, 5325, N.44
Contratación, 5387
Patronato, 25, R.8 (1)
Filipinas, 27, n.51
Filipinas, 29
Filipinas, 340

◆ AGN（Archivo General de la Nacíon, Mexico City／メキシコ国家文書館、メキシコ）
Civil, vol. 2149, exp.7
Inquisición, vol. 237
Inquisición, vol. 263
Inquisición, vol. 289
Inquisición, vol. 456
Inquisición, 1610, vol. 903
Inquisición, 1612, vol. 263
Inquisición, 1621, vol. 336
Indiferente Virreinal, caja-exp. 5185-065, Industria y Comercio
Indiferente Virreinal, caja-exp. 4886-026, General de Parte
Indiferente Virreinal, caja 6596, exp.138
Indiferente Virreinal, caja-exp. 5090-069, Matrimonios, 1604
Indiferente Virreinal, caja-exp. 6729-009, filipinas 1589-1592
Indiferente Virreinal, caja-exp. 4154-001
Real Fisco de la Inquisición, vol. 8, exp.9, 1599
Reales Cedulas Duplicads, vol. 48, Expediente 327

◆ AHM（Arquivo Histórico de Macau, Macau／マカオ歴史文書館）
Santa Casa da Misericórdia de Macau, Legados, Treslados de Testamentos

◆ AHSCMP（Arquivo Histórico da Santa Casa da Misericórdia do Porto, Portugal／ポルト・

Roveredo, fl. 10.

22 Luis Conzaga Gomes, *Macau: a municipality with History*. Macau: Loyal Senate of Macau, 1997.

23 Fr. Fulvius Gregorii S. J. et P. A. Laerzio S. J., P. Ioanni B. Pescatore S. J, Rectori Noviciatus Romani. Wicki, *Documenta Indica*, XII, 880.

24 Diego Yuuki S. J., *Benedict Fernandes, Japan, 1579-1633*. Macau: Territorial Commission of Macau for the Celebrations of the Portuguese Discoveries, 1997.

25 Lorenzo Perez, *Relaciones de Fr. Diego de San Francisco sobre las persecuciones del Cristianismo en el Japon (1625-1632)*. Madrid: Archivo Ibero Americano, 1914, 8, 16.

2 RAH, Cortes 566, Maço 21, fls.274v.

3 Jorge de Gouveia, Relaçam da ditosa morte, de quarenta e sinco christaõs, que em Japaõ morreraõ polla confissaõ da Fé Catholica, em Novembro de 614: tirado de hum processo autentico / pello Padre Jorge de Gouvea. Lisboa: oficina de Pedro Craesbeeck, 1617, fls.77-78.

4 BNM, Jesuitas, Legajo 21, fl.40, Capítulo 2-8.

5 RAH, Cortes 566, Maço 21, fl.275.

6 BNM, Jesuitas, Legajo 21, fl. 40, Capítulo 2-8.

7 五野井隆史『徳川初期キリシタン史の研究』吉川弘文館、1992年、259ページ。

8 ルシオ・デ・ソウザ「一六～一七世紀のポルトガル人によるアジア奴隷貿易」中島楽章編『南蛮・唐人・紅毛』思文閣出版、2013年。

9 Jesús López Gay, S.J., "Un Documento Inédito del P. G. Vázquez. (1549-1604) sobre los Problemas Morales del Japón", Monumenta Nipponica, vol. XVI (1960-61): 137.

10 ARSI, Jap Sin 12 I, Carta de Pedro Gómez para Claudio Acquavica, 22 de Março de 1594, fl.182.

11 Jesús López Gay, "Un Documento Inédito", 123-127.

12 Luis Fróis, Lettera annua del Giappone dell'anno M.D.XCVI. scritta dal P. Luigi Fróis, al R. P. Claudio Acquaviva Generale della Compagnia di Giesù. Tradotta in Italiano dal P. Francesco Mercati Romano della stessa Compagnia. Roma: Luigi Zannetti, 1599, 137.

13 ARSI, Jap Sin 29, fol.140; Luis Ruiz-de-Medina, *El Martirologio.*

14 ARSI, Jap Sin 58, fl.72v.

15 ARSI, Jap Sin 52, fl.137v.

16 ARSI, Jap Sin, 58, fl.198.

17 日本語訳本にこの文はない（類似の文は訳書218ページ参照）。著者が参照した底本と、日本語訳本の底本が異なるためと思われる。著者が参照したのはローマイエズス会文書館所蔵写本。ARSI, Jap Sin 58, fl.198.

18 "arrivammo a falvamento nel Mefe di Giugno nel medefimo anno 1597 in una di effe detta Naganfachi 1597 dove pigliammo Porto". Francesco Carletti, *Ragionamenti*, 9.

19 Reinier H. Hesselink, "An Anti-Christian Register from Nagasáqui", *Bulletin of Portuguese - Japanese Studies*, vol. 18-19, 2009. Universidade Nova de Lisboa.

20 岡美穂子『商人と宣教師　南蛮貿易の世界』東京大学出版会、2010年、182ページ。

21 AHM, Misericórdia, Legados, Treslados de testamentos, testamento de Pero

1978年、278ページ。

27 邦訳本では売り手の数が40であると理解されているが、その理解は正しくはない。

28 スペイン国王フェリペ二世が、ポルトガル国王を兼任した当該時期の1トスタン銀貨は、100レイスに相当した。ポルトガルでトスタンと呼ばれた銀貨は、スペインではトストンと呼ばれた。

29 Manuel Alvar, *Nebrija y Estudios sobre la Edad de Oro*. Madrid: Consejo Superior de Investigaciones Científicas, 1997, 47.

30 「第九八号ローマ市バチカン文書館文書」『大日本史料』第十二編之十二、東京大学史料編纂所編、1982年、251-254ページ。

31 Elena Gallego, "El legado humano de la mision Hasekura", *Cuadernos CANELA*: 29.

32 Francisco Morales Padrón, *Memorias de Sevilla. (Noticias del siglo XVII)*. Córdoba: 1981, 151.

33 Scipione Amati Romano, *Historia del regno di Voxv del Giapone, dell'antichita, nobilta....* Roma: Appresso Giacomo Mascardi, 1615, cap.XVIII, 32.

34 Juan Gil, *Hidalgos y Samurais: España y Japón en los siglos XVI y XVII*. Madrid: Alianza Editorial, 1991, 394-395, Christina H. Lee, "The Perception of the Japanese in Early Modern Spain", *eHumanista* 11, 2008, 349.

35 前掲「第九八号ローマ市バチカン文書館文書」『大日本史料』第十二編之十二。

36 Scipione Amati Romano, *op. cit.*, cap. XXIII, 47.

37 Christina H. Lee, "The Perception of the Japanese in…", 372.

38 Elena Gallego, "El legado humano...", 29; Nobuko Adachi, *Japanese and Nikkei at Home and Abroad: negotiating identities in a global world, Amherst*. NY: Cambria Press, 2010, 114.

39 AGI, Contratación, 5387, n.53 .

40 Fernández Gómez, *La embajada japonesa de 1614 a la Ciudad de Sevilla*. Sevilla: Comisaría de la Ciudad de Sevilla para 1992 Ayuntamiento de Sevilla, 1991, p.41; Christina H. Lee, "The Perception of the Japanese in…", 349.

41 Manuel Alvar, *Nebrija y Estudios sobre la Edad de Oro...*, 311.

42 Nobuko Adachi, *Japanese and Nikkei at Home and Abroad...*, 115-116.

43 Elena Gallego, "El legado humano...", 25.

補　章

1 ARSI, Jap Sin 10-II, fl.272.

Chancelaria de D. Filipe I, Doações, Livro 21, fl.228 (1591-06-19).

8 Ettore Marcucci, *Lettere edite e inedite di Filippo Sassetti raccolte e annotate.* Firenze: Felice Le Monnier, 1855, 125-126.

9 BNL, Cota FG801, *Provizão em que os Portuguezes, não possaõ resgatar, nem captivar Japão algum, e que os que forem a Japão, comprem, e vendão por hum mesmo prezo, e balança*, IV Tomo, 1569-1590, fls.144-144v. *Lei em que os portugueses estão proíbidos de capturar ou escravizar japoneses e os portugueses que forem ao Japão comprem e vendam [as suas mercadorias] por um preço único e por uma balança única.*

10 Carta de Frei Marco António Porcari para o Padre Geral da Companhia de Jesus, Cláudio Acquaviva, de Cochim, a 30 de Novembro de 1581. Josef Franz Wicki (ed), *Documenta Indica...*, vol. XII, 467.

11 ANTT, Fundo Paroquial, Lisboa, Paroquia da Conceição, Liv. 1 de Mistos (MF 988), fl.43 v.: -5-2-1573.

12 ANTT, Paróquia da Conceição, Registo de Mistos, Livro dos defuntos, fl.16.

13 Jorge Fonseca, *Escravos e Senhores na Lisboa Quinhentista...*, 108. ANTT, FN, Lisboa, Cart.7A, Liv.87, fl.82v. 23-05-1590.

14 ANTT, Paróquia da Pena, Registo de Casados, fl.38v.

15 Ibid., f. 24v.

16 Ibid., f. 38.

17 ANTT, Paróquia da Pena, Registo de Casados.

18 Francisco Alexandre Lobo, "Memória Historica e Critica á cerca de Fr. Luiz de Souza e das suas Obras", *Memorias da Academia Real das Sciencias de Lisboa*, Lisboa: Typografia da Academia (1823), 35; Anónimo, *Advertencias dos meios para preservar se da peste.* Lisboa: Typografia da Academia, 1801.

19 Jorge Fonseca, *Escravos e Senhores na Lisboa Quinhentista...*, 108. ANTT, FN, Lisboa, Cart.7A, Liv.87, fl.82v. 23-05-1590.

20 Ibid.

21 ARSI, Jap Sin 3, Carta de Cláudio Acquaviva para Alessandro Valignano, 15.04.1590, fl.15.

22 Jorge Fonseca, *Escravos e Senhores na Lisboa Quinhentista...*, 108. ANTT, FN, Lisboa, Cart.7A, Liv.11, fl.11v. 25-09-1598.

23 ANTT, Lisboa, C.17, Cx.4, Livro 16, fl.121.

24 Jorge Fonseca, *Escravos e Senhores na Lisboa Quinhentista...*, 108. ANTT, FN, Lisboa, Cart.7A, Liv.11, fl.128. 07-02-1596.

25 Arquivo Familia de Helo, Maço 26, no.16, fl.4.

26 ルイス・フロイス『日本史』松田毅一・川崎桃太訳、第8巻、中央公論社、

31 ANTT, Chancelaria de D. João III, Privilégios, Liv.5, fl.293v., 21-04-1556.

32 Arquivo Distrital de Setúbal (ADS), Fundo Notorial, Almada, Livro 1/4, fl.86, 03-12-1575.

33 ANTT, Fundo Notorial, Lisboa, Cart.7A, Cx.4, Liv.16, f.26v., 16-06-1574.

34 ANTT, Fundo Notorial, Lisboa, Cart. 11, Cx.6, Liv.21, f.101v., 14-11-1594.

35 ANTT, Fundo Notorial, Lisboa, Cart. 12 A, Cx.1, Liv.3, f.58v., 04-11-1600.

36 Miguel de Contreras, Noble David Cook, *Padrón de los indios de Lima en 1613...*, 542-544.

37 Carlos Sempat Assadourian, *El Tráfico de Esclavos en Córdoba, 1588-1610.* Córdoba: Argentina, 1965; Carlos Sempat Assadourian, *El Tráfico de Esclavos en Córdoba de Angola a Potosí, siglos XVI-XVII.* Córdoba: Argentina, 1966.

38 Luis G Martínez Villada, Diego *López de Lisboa*. Córdoba: Impr. de la Universidad, 1939.

39 AHPC, Registro 1, Año 1596-7, fls.286-287.

40 AHPC, Registro 1, Año 1596-7, fols 286-287. Alejandro Sakuda, *El futuro era el Perú: Cien años o más de inmigración japonesa*. Lima: Esicos, 1999.

41 AHPC, Registro 1, Año 1596-7, fols 286-287.

42 Carlos Sempat Assadourian, *El Tráfico de Esclavos en Córdoba, 1588-1610...*, 12.

43 Ibid., 14.

第三章

1 Bernardo Gomes de Brito, *História Tragico-Maritíma*, vol. V, Lisboa: Escriptorio Rua dos Retrozeiros, 1905, 52; Paulo Guinote, Eduardo Frutuoso, António Lopes, *Naufrágio e outras perdas da "Carreira da Índia" séculos XVI e XVII.* Lisboa: Grupo de Trabalho do Ministério da Educação para as Comemorações dos Descobrimentos Portugueses, 1998, 226.

2 Bernardo Gomes de Brito, *História Trágico-Marítima...*, vol. I, 31, 60.

3 Jorge Fonseca, *Escravos e Senhores na Lisboa Quinhentista....*, 143-144.

4 Ibid., 148.

5 ANTT, Compromisso da Irmandade da Nossa Senhora do Rosário dos Homens Pretos, 1565, *Prologo.*

6 ANTT, Compromisso da Irmandade da Nossa Senhora do Rosário dos Homens Pretos, 1565, f.4

7 Jorge Fonseca, *Escravos e Senhores na Lisboa Quinhentista...*, 447-448; ANTT,

"Los japoneses que se quedaron en México en el siglo XVII. Acerca de un samurai en Guadalajara", *México y la Cuenca del Pacífico*, vol. 6, No. 18 (enero – abril de 2003): 14, Miguel León Portilla, "La embajada de los japoneses en México: El testimonio en náhuatl del cronista Chimalpahin" in *El Galeón del Pacífico, Acapulco-Manila 1565-1815*. Coord. Javier Wimer (México: DF: Instituto Guerrerense de Cultura, Gobierno del Estado de Guerrero, 1992), 145-146.

12 大泉光一『政宗の陰謀』大空出版、2016年、147ページ。

13 Eikichi Hayashiya, "Los japoneses que se quedaron en México en el siglo XVII. Acerca de un samurai en Guadalajara", 10.

14 Melba Falck Reyes and Héctor Palacios, "Japanese Merchants in 17th Century Guadalajara"..., 191-237.

15 Melba Falck Reyes and Héctor Palacios, "Japanese Merchants in 17th Century Guadalajara"..., 201.

16 AGN, Indiferente Virreinal, caja-exp.5185-065, Industria y Comercio, fs. 2.

17 AGN, Indiferente Virreinal, caja-exp.4886-026, General de Parte, Año: sf, fs. 2.

18 Archivo Histórico Nacional, Codices, L.752, N.287, Juan Antonio Japón.

19 Eikichi Hayashiya, "Los japoneses...", 10.

20 AGN, Reales Cedulas Duplicads, Junio 22 de 1644, vol. 48, Expediente 327, fls.223-223v.

21 Miguel de Contreras, Noble David Cook, *Padrón de los Indios de Lima en 1613: Padrón de los Indios que se hallaron en la Ciudad de los Reyes del Perú hecho en virtud de Comissió del Excmo. Sr. Mrqs. de Montes Claros, Virei del Perú*. Lima: Universidad Nacional Mayor de San Marcos, Seminario de Historia Rural Andina, 1968, 531.

22 Ibid., 535.

23 Ibid., 539-540.

24 Ibid., 541.

25 Ibid., 541.

26 Ibid., 543.

27 Jorge Fonseca, *Escravos e Senhores na Lisboa Quinhentista...*, 336; BPADE, Fundo Notorial, Évora, Liv.36, fl.46.

28 Fonseca, *op. cit.*, 316.

29 ANTT, Fundo Notorial, Cart.1, Cx.7, Liv.35, fl.85, 15-12-1594.

30 José Heliodoro da Cunha Rivara, *Archivo Português-Oriental...*, Fascículo 4º, 269. 参考：高瀬前掲訳注書、605-612ページ。

guês no Extremo Oriente. Almada: Câmara Municipal de Almada, 2006, 304.

52 AHSCMP, H, Bco. 6, nº 17, fl.281v .

53 Josef Franz Wicki (ed), *Documenta Indica*, vol. XVI, Romae: Institutum Historicum Societatis Iesu, 1984, 301.

54 Francesco Carletti, *Ragionamenti di Francesco Carletti Fiorentino Sopra Le Cose Da Lui Vedute Ne' Suoi Viaggi Si Dell'Indie Occidentali, e Orientali Come d'Altri Paesi*.... Firenze: Giuseppe Manni, 1701, 40.

55 José Heliodoro da Cunha Rivara, *Archivo Português-Oriental*. Fascículo 1º, parte 2ª, Nova Goa: Imprensa Nacional, 1876, 127. 参考：高瀬前掲訳注書、605-612ページ。

56 Ibid., 158. 参考：高瀬前掲訳注書、600ページ。

57 BFUP, Arquivo Ultramarino, Ficheiro 2, Gaveta 1, Divisão 9-10, 26-27 | 2/1 Carta Régia de Filipe II para o Vice-Rei da Índia Martim Afonso de Castro. Lisboa, 6 de Março de 1605, fls.82-84.

58 Jean Mocquet, *Travels and Voyages into Africa, Asia*..., 252.

第二章

1 Claudia Paulina Machuca Chávez, "El alcalde de los chinos en la provincia de Colima durante el siglo XVII: un sistema de representación en torno a un oficio", *Letras Históricas*, No. 1 (Otoño-Invierno 2009): 96.

2 Manuel Castillo Martos, *Bartolomé de Medina y el siglo XVI*. Santander: Servicio de Publicaciones de la Universidad de Cantabria, 2006, 152.

3 Ibid., 152.

4 Richard Hakluyt, *The Principal Navigations, Voyages, Traffiques & Discoveries of the English Nation*, vol. XI, New York: AMS Press Inc., 1965, 327-417.

5 AGN, Inquisición, vol. 237, fls.446-447.

6 AGN, Indiferente Virreinal, caja-exp.5090-069, Matrimonios, 1604, fs. 3.

7 Francisco Morales, *Ethnic and Social Background of the Franciscan friars in Seventeenth Century Mexico*. Washington, D.C.: Publications of the Academy of American Franciscan History, 1973, 46-53.

8 AGI, Contratacíon, 5325, N.44, fl.2.

9 Ibid., fl.3.

10 Ibid., fl.1.

11 Melba Falck Reyes and Héctor Palacios, "Japanese Merchants in 17th Century Guadalajara". *Revista Iberoamericana,* 22.2 (2011): 198; Eikichi Hayashiya,

gasaqui, 3-6 de Janeiro de 1610, Macau). Macau: Instituto Português de Hong Kong — Imprensa Nacional, 1950, 10.

33 Zhao Chuncheng, *Monografia Abreviada de Macau.* Guangzhou: Edição da Editora do Ensino Superior de Cantão, 1988, 21-22.

34 António Bocarro, *Década 13 da História da Índia.* Lisboa: Academia Real das Sciencias, 1876, cap.CLXXVIII, 724-726.

35 Ibid., 730-731.

36 José Eugenio Borao, "La colonia de Japoneses en Manila en el marco de las relaciones de Filipinas y Japón en los siglos XVI y XVII"..., 15.

37 Gabriel de Matos, *Relaçam da Persegviçam que teve a Christandade de Iapam desde Mayo de 1612 atè Novembro de 1614 – Tirada das cartas annuaes que se enviarão ao Padre Geral da Companhia de IESV — Composta pollo P. Gabriel de Matos da Companhia de IESV, Procurador da China, & Iapão, natural da Videgueira.* Lisboa: Officina de Pedro Crasbeeck, 1616, fl.79.

38 ARSI, Jap Sin 113, Anua do Colégio de Macau de 1616, fls.425, 494.

39 BPADE (Biblioteca Pública e Arquivo Distrital de Évora), *Papéis de Dom Francisco Mascarenhas,* Códice 11 (Códice CXVI-2-5), fls.225-232.

40 AGI, Filipinas, 29, n.57. Antonio de Morga, *Sucesos de las Islas Filipinas.* Mexico: 1609 (Manila, 1961), 354-355.

41 José Eugenio Borao, "The Massacre of 1603: Chinese Perception of the Spanish on the Philippines", 22-39.

42 AGN, Inquisición, 1610, vol. 903, fols 240f-241v.

43 AGN, Indiferente Virreinal, caja-exp.4154-001. Inquisición,1620, fl.15.

44 AGN, Inquisición, 1621, vol. 336, exp.SN, fl.16.

45 Ibid., fl.26.

46 Ibid., fl.306.

47 AGN, Inquisición, 1612, vol. 263, fl.168.

48 Ibid., fl.470.

49 François Pyrard de Laval, *Voyage de François Pyrard de Laval: contenant sa navigation aux Indes orientales, Maldives, Moluques, et au Bresil, et les divers accidens qui lui sont arrivez en ce Voyage pendant son séjour de dix ans dans ces Pais .... Avec des Observations géographiques sur le present Voyage... / par le Sieur du Val, Géographe ordinaire du Roy.* vol. II, Paris: Billaine, 1679, 226-227.

50 Jean Mocquet (John Mocquet), *Travels and Voyages into Africa, Asia, and America, the East and West-Indies; Syria, Jerusalem, and the Holy Land.* London: Printed for William Nowton, 1696, 251.

51 Fernando António Almeida, *Fernão Mendes Pinto — Um Aventureiro Portu-*

Bco. 6, nº 17, fl.281v .

15 AHM (Arquivo Histórico de Macau), Misericórdia, Legados, Treslados de Testamentos, testamento de Luzia Loubata, fl.9.

16 ANTT (Arquivo Nacional Torre do Tombo), Inquisição de Lisboa, Processo de Leonor Fonseca nº13360, unidentified number.

17 Manuel Lobato, *Política e Comércio dos Portugueses na Insulíndia*. Lisboa: Instituto Português do Oriente, 1999, 87; *Tratado breve em sete capítulos sobre o comércio de Malaca* [c. 1600], fls.158-171 v, *cap.4º das uiagens se as podem prohibir os capitães e quaes são do capitão de Malaca*, ANTT, Ms. da Livraria, nº 805, fl.169.

18 José Heliodoro da Cunha Rivara, *Archivo Portuguez-Oriental*. Fascículo 1-2, Nova Goa: Imprensa Nacional, 1876, 127. 参考：『大航海時代の日本―ポルトガル公文書に見る』高瀬弘一郎訳注、八木書店、2011年、589-592ページ。

19 José Eugenio Borao, "La colonia de Japoneses en Manila en el marco de las relaciones de Filipinas y Japón en los siglos XVI y XVII", *Cuadernos CANELA*, nº 17 (2005): 12.

20 José Eugenio Borao, "The Massacre of 1603: Chinese Perception of the Spanish on the Philippines", *Itinerario*, vol. 23, No. 1 (1998), 22-39.

21 José Heliodoro da Cunha Rivara, *Archivo Portuguez-Oriental*. Fascículo 3º, parte 2, Nova Goa: Imprensa Nacional, 1861, 763-764. 参考：高瀬前掲訳注書、516ページ。

22 José Eugenio Borao, "La colonia de Japoneses en Manila en el marco de las relaciones de Filipinas y Japón en los siglos XVI y XVII"..., 6.

23 ARSI (Archivum Romanum Societatis), Japonica-Sinica, (ARSI, Jap Sin) 16 II-b Carta de Manuel Dias de Macau, a 5 de Dezembro de 1615, fl.249v.

24 Lúcio de Sousa, *The Early European Presence in China, Japan*…, 122.

25 BRAH, Cortes 566, *op. cit.*, no. 2.

26 Eikichi Hayashiya, "Los japoneses que se quedaron en México en el siglo XVII. Acerca de un samurai en Guadalajara", México y la Cuenca del Pacífico, vol. 6, núm. 18 (enero – abril de 2003): 10.

27 BRAH, Cortes 566, Maço 21, fls.274-v.

28 Lúcio de Sousa, *The Early European Presence in China, Japan*…,133-143.

29 AGI, Filipinas, 27, n.51, fl.313v; Filipinas, 340, l.3. f.23f-23v.

30 BRAH, Cortes 566, Maço 21, fl.274v.

31 José Heliodoro da Cunha Rivara, *Archivo Portuguez-Oriental*..., Fascículo 4º, 268. 参考：高瀬前掲訳注書、605-612ページ。

32 Charles R. Boxer, *"Antes quebrar que torcer" ou (pundonor português em Na-*

100 Ibid., fl.265.
101 AGN, Real Fisco de la Inquisición, 1599, vol. 8, exp.9, fls.266-267.
102 Ibid., fl.268.
103 AGN, Indif. Virreinal, caja 6596, exp.138, s.f.
104 AGN, Civil, vol. 2149, exp.7, 1606.
105 AGN, Inquisición, vol. 289, exp.9, B.

第一章

1 José Heliodoro da Cunha Rivara, *Archivo Portuguez-Oriental*. Fascículo 4º, Nova Goa: Imprensa Nacional, 1862, 179-180.
2 BRAH (Biblioteca de la Real Academia de la Historia, Madrid), Cortes 566, Maço 21, fl.274v.
3 José Heliodoro da Cunha Rivara, *Archivo Portuguez-Oriental*. Fascículo 4º, 261.
4 Lúcio de Sousa, *The Early European Presence in China, Japan, the Philippines and Southeast Asia, (1555-1590) — The Life of Bartolomeu Landeiro*. Macau: Macau Foundation, 2010, 87.
5 AGI (Archivo General de Indias), Patronato, 25, R.8 (1), fls.32-33.
6 AGI, Patronato, 25, R.8 (1), fl.40.
7 ルイス・フロイス『日本史』松田毅一・川崎桃太訳、第10巻、中央公論社、1979年、212ページ。
8 Francisco Colín (1663), *Labor Evangélica de la Compañía de Jesús en las Islas Filipinas por el P. Francisco Colín de la misma Compañía*, vol. I, Barcelona: Imp. de Henrich y Compañia, 1904, 300-301, II, 300.
9 Josef Franz Schütte, *Monumenta Historica Japoniae I*..., 387.
10 AGN (Archivo General de la Nación, México), Indif. Virreinal, caja-exp.6729-009, Filipinas 1589-1592, fl.49v.
11 AGN, Indif. Virreinal, caja-exp.6729-009, Filipinas 1589-1592, fl, 49v.
12 AGN, Indif. Virreinal, caja-exp.6729-009, Filipinas 1589-1592 fl, 27v.
13 Map of Macau, in Hans-Theodor e Hans-Israel de Bry (eds.), *Petits Voyages*. vol. 8, Frankfurt-am-Main: 1606 [ed. German] e 1607 [ed. Latin]; Francisco Roque de Oliveira, "Cartografia antiga da cidade de Macau, c. 1600-1700: confronto entre modelos de representação europeus e chineses", *Scripta Nova. Revista electrónica de geografía y Ciencias Sociales*, vol. X, núm. 218 (53) (2006)
14 AHSCMP (Arquivo Histórico da Santa Casa da Misericórdia do Porto)/ H,

AGN, Inquisición, vol. 237, fl.445v.

68 Lúcio de Sousa, "The Military Questions in the Commerce between Macau and Nagasáqui in 1587," *Review of Culture*, n.27 (2008): 31.

69 Sanjay Subrahmanyam, *Courtly Encounters: Translating Courtliness and Violence in Early Modern Eurasia*. Cambridge: Harvard University Press, 2012, 134.

70 フランシスコ・ロドリゲス・ピントの証言。AGN, Inquisición, 1601, vol. 263, exp.1U, fl.139.

71 Ibid., fl.138.

72 Ibid., fl.446v.

73 AGN, Inquisición, vol. 237, fl.446v.

74 AGN, Indif. Virreinal, caja 6596, exp.138, s.f.

75 AGN, Inquisición, vol. 237, fl.443.

76 Ibid., fl.444.

77 Ibid., fl.444v.

78 AGN, Inquisición, vol. 237, fls.445-445v.

79 Ibid., fl.448.

80 Ibid., fls.451-452v.

81 Ibid., fls.454-455.

82 Ibid., fl.459.

83 Ibid., fl.458v.

84 Ibid., fl.436.

85 Ibid., fl.437.

86 Ibid., fl.440.

87 Ibid., fl.467.

88 Ibid., fl.469.

89 AGN, Real Fisco de la Inquisición, 1599, vol. 8, exp.9, fl.270.

90 AGN, Indiferente Virreinal, caja 6596, exp.138, s.f.

91 AGN, Inquisición, vol. 237, fl.436.

92 Ibid., fl.446.

93 Ibid., fls.446-447.

94 Ibid., fls.446-446v.

95 Ibid., fl.447.

96 AGN, Inquisición, 1601, vol. 263, exp.1U.

97 AGN, Inquisición, vol. 237, fl.436.

98 AGN, Real Fisco de la Inquisición, 1599, vol. 8, exp.9, fl.263.

99 Ibid., fl.270.

39 Ibid., 122-123.

40 AGN, Inquisición, 1601, vol. 263, exp.1U, fl.140

41 Ibid., fl.137v

42 Ibid., fl.139v.

43 Ibid., fl.141v

44 Reinier H. Hesselink, "An Anti-Christian Register from Nagasáqui" *Bulletin of Portuguese/Japanese Studies* vols.18/19 (Lisbon, 2009): 17.

45 Amaro, Bébio Mario, "Nagasaki as Emporium: History and Social Composition in its Initial Years," in *Vanguards of Globalization: Port Cities from the Classical to the Modern* (Delhi, Primus Books, 2014), 253-279.

46 AGN, Real Fisco de la Inquisición, 1599, vol. 8, exp.9, fl.265.

47 AGN, Inquisición, 1601, vol. 263, exp.1U, fls.137e, 138v.

48 Ibid., fl.140.

49 Ibid., fls.137, 138v.

50 AGN, Inquisición, 1601, vol. 263, exp.1U, fl.140.

51 Juan Ruiz-de-Medina, "Gómez, Pedro," in *Missionação e Missionários na História de Macau*. Eds. Maria Antónia Espadinha, and Leonor Seabra (Macau: Universidade de Macau, 2005), 170-172.
Josef Wicki, S. J., "Die "Judeo-conversos" in der Indischen Provinz der Gesellschaft Jesu von Ignatius bis Acquaviva" *Archivum Historicum Societatis Iesu*, 46, 1977: 342-361.

52 AGN, Inquisición, 1601, vol. 263, exp.1U, fl.138.

53 Ibid., fls.137v, 139v, 142.

54 AGN, Inquisición, vol. 237, fl.458.

55 AGN, Inquisición, 1601, vol. 263, exp.1U, fl.142.

56 AGN, Inquisición, vol. 237, fl.444.

57 AGN, Inquisición, 1601, vol. 263, exp.1U, fl.140v.

58 Ibid., fl.138.

59 AGN, Inquisición, vol. 237, fl.443v.

60 AGN, Inquisición, 1601, vol. 263, exp.1U, fl.140.

61 Ibid., fl.137v.

62 Ibid., fl.138.

63 Ibid., fl.138v.

64 Ibid., fl.140v.

65 Ibid., fl.142.

66 AGN, Inquisición, vol. 237, fl.445v.

67 AGN, Inquisición, 1601, vol. 263, exp.1U, fls.141, 142.

17 カピタン・モールのジェロニモ・デ・ソウザがマカオから来日した年。

18 António de Bulhão Pato, *Documentos Remettidos da India*. Tomo II, Lisboa: Typografia da Academia Real das Sciências, 1884, 17, 77, 132. ジョアン・ゴメス・ファイオは1607年、クランガノール要塞の隊長であった。

19 AGN, Inquisición, vol. 237, fl.457.

20 AGN, Inquisición, 1601, vol. 263, exp.1U, fl.140.

21 José Maria Braga, *Jesuitas na Ásia*. Macau: Fundação de Macau, 1998, 78.

22 AGN, Inquisición, 1601, vol. 263, exp.1U, fl.138.

23 AGN, Inquisición, vol. 237, fl.460.

24 Josef Franz Schütte, S. J., *Monumenta Missionum Societatis IESU — Monumenta Historica Japoniae I — Textus Catalogorum Japoniae 1553-1654*. Rome: Monumenta Histórica Societatis IESU a Patribus Eiusdem Societatis Edita, 1975, 403.

25 「マヌエル・フェルナンデスの証言」ルイ・ペレスの息子、アントニオ・ロドリゲスはヴィゼウ出身であることを認めている。AGN, Real Fisco de la Inquisición, 1599, vol. 8, exp.9, fl.264. AGN, Inquisición, 1601, vol. 263, exp.1U, fl.138v.

26 António João Cruz, "A teia de um crescimento. Viseu do séc. XVI ao séc. XX," *Programa da Feira Franca de S. Mateus* (Viseu: Câmara de Viseu, 1986): 1-10.

27 Biblioteca da Ajuda, Jesuítas na Ásia, Códice 49-V-3, Francisco Pires S. J., *Pontos do que me alembrar*, fl.10.

28 AGN, Inquisición, 1601, vol. 263, exp.1U, fl.138v.

29 Ibid., fl.138v.

30 Josef Schütte, *Monumenta...*, 404.

31 Jurgis Elisonas, "Christianity and the Daimyo", in John Whitney Hall, Marius B. Jansen, Madoka Kanai, Denis Twitchtt (ed.), *The Cambridge History of Japan: Early Modern Japan*. vol. IV., 1991, 363.

32 この夫妻にはマリアという名の娘がおり、その夫の名前はギリェルメとある。AGN, Inquisición, 1601, vol. 263, exp.1U, fl.138v.

33 Ibid., fl.141v.

34 Ibid., fl.137v.

35 Ibid., fl.138.

36 Ibid., fl.138.

37 ルイス・フロイス『日本史』松田毅一・川崎桃太訳、第11巻、中央公論社、1979年、15-18ページ。

38 Ibid., 122.

15 François Solier, *Histoire Ecclesiastique Des Isles Et Royaumes Du Japon*. vol. 1, Paris: Sébastian Cramoisy 1627, 444.

16 Fr. Fulvius Gregorii S. I. et P. A. Laerzio S. I., P. Ioanni B. Pescatore S. I, Rectori Noviciatus Romani. Josef Wicki, S. J. (ed.), *Documenta Indica*, vol. XII, Roma: Monumenta Historica Societatis Iesu, 1972, 880.

17 AHM, *Santa Casa da Misericórdia de Macau, Legados, Treslados de Testamentos, testamento de Rui Vaz Pinto*, 1634, fls.32-32v.

18 Jin Guo Ping, Wu Zhiliang, "A (des) canibalização dos portugueses", *Revista de Cultura*, n. 16, 2005: 94-104.

序　章

1 1597年の文書には、ガスパールは20歳とある（AGN, Inquisición, vol. 237, fl.451f.）。1599年の文書には、14年前に売られたと記される（AGN, Real Fisco de la Inquisición, 1599, vol. 8, exp.9, fl.263）。そのため、売却されたのは8歳の時であったと推定される。

2 AGN (Archivo General de la Nación, México), Inquisición, vol. 263, exp.1U, fl.139.

3 AGN, Real Fisco de la Inquisición, 1599, vol. 8, exp.9, fl.265.

4 AGN, Real Fisco de la Inquisición, 1599, vol. 8, exp.9, fl.263.

5 AGN, Real Fisco de la Inquisición, 1599, vol. 8, exp.9, fl.265.

6 有名な例では、ヴァスコ・ダ・ガマの召使いガスパール・デ・ガマのものがある。João de Barros, *Decada Primeira da Asia*.... Lisboa: Impressa por Jorge Rodriguez, 1628, fls.44-45.

7 AGN, Real Fisco de la Inquisición, 1599, vol. 8, exp.9, fl.263.

8 「スンダ出身、推定年齢70歳のフランシスコの証言（1596年10月21日）」AGN, Inquisición, vol. 237, fl.443v.

9 AGN, Real Fisco de la Inquisición, 1599, vol. 8, exp.9, fl.265.

10 AGN, GD61, Inquisición, 1601, vol. 263, exp.1U, fls.137, 138v.

11 AGN, Inquisición, vol. 237, fl.457.

12 AGN, Inquisición, 1601, vol. 263, exp.1U, fl.140.

13 António Rodrigues, Francisco Rodrigues, João Rodrigues. AGN, Inquisición, 1601, vol. 263, exp.1U, fls.137, 138v, 140.

14 AGN, Inquisición, vol. 237, fl.443.

15 AGN, Inquisición, vol. 237, fl.443.

16 AGN, Inquisición, vol. 237, fl.461.

注

はじめに

1 Filippo Sassetti, *Lettere edite e inedite di Filippo Sassetti raccolte e annotate da Ettore Marcucci*. Firenze: Felice le Monnier, 1855, 125.

2 Miguel de Contreras, Noble David Cook e Mauro Escobar Gamboa, *Padrón de los indios de Lima en 1613: padrón de los Indios que se hallaron en la Ciudad de los Reyes del Perú hecho en virtud de Comissió del Excmo. Sr. Mrqs. de Montes Claros, Virei del Perú*. Lima: Universidad Nacional Mayor de San Marcos, Seminário de Historia Rural Andina, 1968, 524-545.

3 AGN, Inquisición, vol. 456, Expediente 2, fl.70.

4 Palavras de Alonso de Oñate, "procurador general de los mineros y proprietario de minas en Ixmiquilpan"(1585?). Manuel Castillo Martos, *Bartolomé de Medina y el siglo XVI*. Santander: Servicio de Publicaciones de la Universidad de Cantabria, 2006, 152.

5 Arquivo Histórico de Macau (AHM), *Santa Casa da Misericórdia de Macau, Legados, Treslados de Testamentos, testamento de Paula Correia*, 1725, fl.34.

6 I. C. Sousa, *A Outra Metade do Céu*. Macau: Saint Joseph Academic Press, 2011, 166.

7 Leonor Diaz de Seabra, *O Compromisso da Misericórdia de Macau de 1627*. Macau: Universidade de Macau, 2003, 76.

8 Real Academia de la Historia de Madrid, Cortes 566, Maço 21, fl.277v.

9 José Heliodoro da Cunha Rivara, *Archivo Portuguez-Oriental*. Fasc. 3, parte 2, Nova Goa: Imprensa Nacional, 1861, 763-764.

10 AHM, *Santa Casa da Misericórdia de Macau, Legados, Treslados de Testamentos, testamento de Manuel Gomes O Velho*, 1600, fl.9.

11 AHM, *Santa Casa da Misericórdia de Macau, Legados, Treslados de Testamentos, testamento de Domingos da Sylva*, 1629, fl.27.

12 AHM, *Santa Casa da Misericórdia de Macau, Legados, Treslados de Testamentos, testamento de Francisco Fernandes*, 1635, fls.33v-34.

13 AHM, *Santa Casa da Misericórdia de Macau, Legados, Treslados de Testamentos, testamento de Isabel Pinta*, 1631, fls.28-29

14 I. C. Sousa, Ibid., 168.

ルシオ・デ・ソウザ（Lúcio de Sousa）

1978年、ポルトガル生まれ。ポルト大学人文学部大学院博士課程修了。博士（アジア学）。東京外国語大学特任准教授。著書に、*The Early European Presence in China, Japan, The Philippines and Southeast Asia (1555-1590) — The Life of Bartolomeu Landeiro*（Macao Foundation 2010）など。

岡 美穂子（おか・みほこ）

1974年、神戸市生まれ。京都大学大学院博士課程修了。博士（人間環境学）。東京大学史料編纂所准教授。専攻、中近世移行期対外関係史、キリシタン史。著書に、『商人と宣教師——南蛮貿易の世界』（東京大学出版会、2010年）など。

大航海《だいこうかい》時代《じだい》の日本人《にほんじん》奴隷《どれい》　増補新版
——アジア・新大陸《しんたいりく》・ヨーロッパ

〈中公選書 116〉

著　者　ルシオ・デ・ソウザ
　　　　岡美穂子《おかみほこ》

2021年1月10日　初版発行
2024年8月10日　4版発行

発行者　安部順一

発行所　中央公論新社
〒100-8152　東京都千代田区大手町1-7-1
電話　03-5299-1730（販売）
　　　03-5299-1740（編集）
URL　https://www.chuko.co.jp/

DTP　今井明子

印刷・製本　大日本印刷

Published by CHUOKORON-SHINSHA, INC.
Printed in Japan　ISBN978-4-12-110116-7 C1321
定価はカバーに表示してあります。

中公選書　新装刊

102
建国神話の社会史
――史実と虚偽の境界

古川隆久著

天照大神の孫が地上に降りて日本を統治し始めた――。『古事記』『日本書紀』の記述が「歴史的事実」とされた時、普通の人々は科学や民主主義との矛盾をどう乗り越えようとしたのか。

103
新版　戦時下の経済学者
――経済学と総力戦

牧野邦昭著

二つの世界大戦という総力戦の時代、経済学者たちの主張や行動はどのような役割を果たし、戦後体制へどんな影響を与えたか。第32回石橋湛山賞受賞作に最新の研究成果を加筆。

105
〈嘘〉の政治史
――生真面目な社会の不真面目な政治

五百旗頭　薫著

政治に嘘がつきものなのはなぜか。絶対の権力というものがあるとすれば、嘘はいらない。世界中に嘘が横行する今、近現代日本の経験は嘘を減らし、嘘を生き延びるための教訓となる。

中公選書　新装刊

106
神道の中世
――伊勢神宮・吉田神道・中世日本紀
伊藤　聡著

神道は神仏習合や密教、禅や老荘思想など、さまざまな信仰や文化を取り込んで自らを形作ってきた。豊穣な中世文化を担った、知られざる神道の姿を最新の研究から描き出す。

108
漢字の構造
――古代中国の社会と文化
落合淳思著

漢字の成り立ちと字形の変化の歴史には、古代中国の生活や風習、祭祀儀礼や社会制度などが反映されている。社会と文化の記憶を解き明かす、新しい方法論に基づいた字源研究の成果。

109
クレメント・アトリー
――チャーチルを破った男
河合秀和著

第二次大戦の勝利の立役者であるチャーチルを抑え、総選挙で圧勝したのはアトリー率いる労働党だった。現在の英国社会の基礎を築くと同時に、帝国を解体したアトリーの本格的評伝。